书香校园

昆明冶专阅读推广实践

杨 云 主编

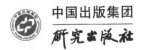

中国出版集团

研究出版社

图书在版编目（CIP）数据

书香校园：昆明冶专阅读推广实践 / 杨云主编. ——
北京：研究出版社，2021.12

ISBN 978-7-5199-0812-6

Ⅰ. ①书… Ⅱ. ①杨… Ⅲ. ①图书馆－读书活动－研
究 Ⅳ. ①G252.17

中国版本图书馆 CIP 数据核字（2021）第 254725 号

出 品 人：赵卜慧
责任编辑：寇颖丹

书香校园

SHUXIANG XIAOYUAN

昆明冶专阅读推广实践

杨云 主编

研究出版社 出版发行

（100011 北京市朝阳区安华里 504 号 A 座）

保定市铭泰达印刷有限公司 新华书店经销

2022 年 1 月第 1 版 2022 年 1 月河北第 1 次印刷

开本：710 毫米×1000 毫米 1/16 印张：19.75

字数：340 千字

ISBN 978-7-5199-0812-6 定价：88.00 元

邮购地址 100011 北京市朝阳区安华里 504 号 A 座

电话（010）64217619 64217612（发行中心）

编撰作者

主　编：杨　云

副主编：肖　萌　李　琼　赵燕洁　敖鹤晋

　　　　宋　伟　王霓珊　伍　伟

前　言

习近平总书记在给国家图书馆老专家的回信中指出："图书馆是国家文化发展水平的重要标志，是滋养民族心灵、培育文化自信的重要场所。希望国图坚持正确政治方向，弘扬优秀传统文化，创新服务方式，推动全民阅读，更好满足人民精神文化需求，为建设社会主义文化强国再立新功。"阅读是获取知识、增长智慧的重要方式，是传承文明、提高国民素质的重要途径，深入推进全民阅读，对加强社会主义精神文明建设、促进社会进步具有重要意义。

"世界读书日"全称"世界图书与版权日"，又译作"世界图书日"，最初的创意来自国际出版商协会。1995 年，联合国教科文组织确定 4 月 23 日为"世界读书日"，设立目的是希望散居在世界各地的人们，无论是年老还是年轻，无论是贫穷还是富裕，无论是患病还是健康，都能享受阅读的乐趣，都能尊重和感谢为人类文明做出过巨大贡献的大师们，都能保护知识产权。以此为契机，昆明冶金高等专科学校于 2013 年推出"阅读经典，弘扬中华优秀传统文化——昆明冶金高等专科学校阅读推广系列活动"，每年 4—5 月定期举办，立足云南特色、冶专校情和学生阅读现状，通过开展系列活动引导学生阅读经典、了解中华传统文化和云南民族文化，激发师生的读书兴趣，以活动促学习，营造浓厚的校园阅读氛围，养成良好的读书习惯，提高审美修养和人文底蕴，传承中华优秀传统文化。

《书香校园——昆明冶专阅读推广实践》一书，以昆明冶金高等专科学校 2013—2020 年八届世界读书日系列活动为素材进行撰写，共分为九章。第一章对昆明冶金高等专科学校历年世界读书日系列活动实施背景、活动定位、创新点、运作情况以及实施效果等进行概括简述；第二章至第九章分别介绍了以"让阅读成为习惯，让书香滋润心灵""传递书香情，构筑中国梦""倡导全民阅读，建设书香社会""书香冶专""书韵飘香，邂逅经典""传承不止，耕耘不息""博览古今，纵横知海""阅读相伴 共抗疫情"为主题的历年世界读书日系列活动，从活动方案的撰写到活动开展的实施均进行了详细描述。历年活动全面贯彻习近平新时代中国特色社会主义思想，以满足广大读者精神文化生活为出发点和落脚点，大力营造善读书、读好书的良好氛围，引导读者提升阅读兴趣，养成阅读习惯，提高阅读能力，不断增强思想道德素质和科学文化素养。截至 2020 年，昆明冶专举办的世界读书日系列活动已历时 8 年，形成了昆明冶金高等专科学校校园文化品牌，通过传统传承与现代理念交织，成功吸引了越来越多读者的关注和参与。

目　录

第一章 "阅读经典 弘扬中华优秀传统文化"

——昆明冶金高等专科学校阅读推广系列活动概述

云南地处祖国西南边陲，是一个多民族的边疆山区省份，有着丰富的矿产资源，被称为"有色金属王国"。昆明冶金高等专科学校始建于 1952年，长期的积淀形成了优良的工科办学传统和浓郁的工程文化氛围，专业特色鲜明，学生多来源于经济和文化水平欠发达的山区。为促进学生的全面发展，在培养学生专业技能的同时，学校尤为重视对学生人文素质的培养。开展阅读推广活动是昆明冶金高等专科学校提高学生综合素质、传承中华优秀传统文化的重要方式之一。

一、活动实施背景

昆明冶金高等专科学校的阅读推广活动始于 2001 年的"读书文化月"活动，每年 10—11 月举办为期 1 个月的阅读推广系列活动，主要开展专家讲座、经典阅读征文等活动，吸引了众多学生参与。为响应政府"弘扬中华优秀传统文化"的号召、营造书香校园的读书氛围，2013 年，图书馆联合学生处、校团委、校宣传部在"读书文化月"的基础上重新设计并推出"阅读经典 弘扬中华优秀传统文化——昆明冶金高等专科学校阅读推广系列活动"，决定每年 4—5 月定期举办，希望通过开展持续性的系列活动推广阅读，提高学生人文素质修养。2013—2020 年，昆明冶金高等专科学校先后举办了以"让阅读成为习惯，让书香滋润心灵""传递书香情，构筑中国梦""倡导全民阅读，建设书香社会""书香冶专""书韵飘香，邂逅经典""传承不止，耕耘不息""博览古今，纵横知海""阅读相伴，共抗疫情"为主题的活动，围绕中华优秀传统文化，开展特色阅读推广活动，对校园文化建设和学风建设起到了积极的推动作用。

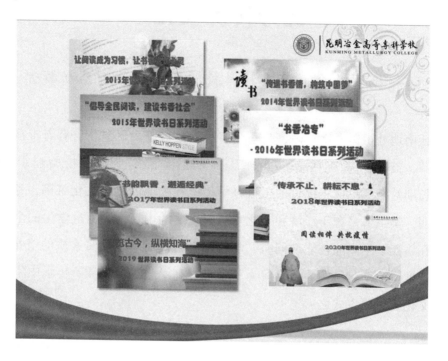

图1-1　历年活动主题

二、活动简介

（一）活动定位

阅读推广系列活动立足云南特色、冶专校情和学生阅读现状，通过开展系列活动引导学生阅读经典、了解中华传统文化和云南民族文化，激发师生的读书兴趣，以活动促学习，营造浓厚的校园阅读氛围，提高审美修养和人文底蕴，传承中华优秀传统文化。

（二）活动创新点

1. 坚持传统与现代相结合

为保持活动的影响力，将部分经典传统项目打造为品牌活动，每年持续开展。同时为调动学生的积极性、保持新鲜感，每年精选新的特色项目进行推广。通过传统传承与现代理念的交织，吸引了学生较高的关注度和参与度。

2. 短期活动与长期活动互为补充

阅读推广系列活动主要集中于每年4—5月，但阅读和学习则需要长期坚持，通过设置长期项目引导学生学会阅读、坚持阅读。

3. 突出数字资源和移动服务

随着知识载体的改变，数字资源和移动阅读已成为当前最重要、最受大学生欢迎的信息来源和阅读方式。因此，设置专门项目对学校拥有的数字资源和移动服务进行宣传推广。

4. 丰富阅读内涵

文化作品形式多样，阅读的方式也应丰富多元。通过开展多样的、与阅读相关联的项目，激发学生的阅读兴趣，如电影观影、书签制作、书画征选等。

5. 注重合作和宣传

通过校图书馆、学生处、校团委、校宣传部等多个部门联合开展活动，提高活动效率，扩大参与度和影响力；通过学校网站、海报、微信、校报、校园广播、电子屏、户外广告等平台，加强与学生的互动，多渠道、多方位地进行立体宣传；实时追踪报道，及时对活动进行总结和提升。

（三）活动运作情况及实施效果

每年的活动按计划有序推进，从文化传承和引导阅读的角度出发，集知识性、趣味性、互动性于一体。在历届活动中，始终坚持以传统项目为基础、特色项目为推广、长期项目为延续的原则。

1. 传统项目为基础

（1）领略中华传统文化之美——专家系列讲座。

图1-2　专家系列讲座一

图1-3　专家系列讲座二

每届活动举办 2～3 场专家讲座，8 年来共邀请了校内外 12 名专家学者到校开讲：云南民族大学图书馆原馆长赵世林（《传统文化的社会功能及其在当代社会治理中的运用》）、昆明理工大学图书馆原馆长张仲华（《文而化之——关于传统文化的几个问题》）、云南大学图书馆原馆长万永林（《读书与治学漫谈——从了解和研究云南省情说起》）、云南师范大学图书馆原馆长朱曦（《书里书外——文学家的生命体验及其艺术创作》）、云南艺术学院图书馆原馆长申波（《中西音乐审美差异性的文化解读》）、云南财经大学图书馆原馆长赵越（《"一带一路"倡议背景下云南跨越式发展》）、昆明医科大学图书馆原馆长李飞（《智商、情商与搜商》）、云南大学图书馆党总支书记樊泳雪（《图书馆助你放飞梦想》）、昆明冶金高等专科学校原校长王资（《中国文化与当代国际关系》）、昆明冶金高等专科学校副校长赵文亮（《勤于读书，精于思考，善于行动，勇于创新》）、昆明冶金高等专科学校图书馆馆长杨云（《读万卷书 行万里路——美国图书馆访问印象》）、昆明冶金高等专科学校通识与素质教育学院院长杨永锋（《正确面对网络信息——做优秀大学生》）等。专家系列讲座从地方文化、文学、历史、艺术、政治、经济、教育、科技、图书馆文化等多个角度为学生们拓宽了视野，提升了治学境界。

（2）体悟中华传统文化精髓——有奖征文活动。

写作是阅读的延续，也是传承文化的重要手段。几年的系列活动举办了以"中外名著阅读心得""经典阅读""我读书，我快乐"为主题的有奖征文活动，共收到稿件 414 篇，涌现了如《读三国演义有感》《红楼中国梦》《读纳兰容若词有感》等一批体悟深刻、文辞优美的征文。

（3）分享中华传统文化成果——"好书齐分享"荐书活动。

荐书活动开展以来备受全校师生关注，从手工荐书到网络荐书再到手机荐书，收到来自校领导、专家、老师、学生的多种推荐信息。推荐图书有《中国通史》《万历十五年》等优秀书籍。荐书活动为师生们打造了高质量的分享体验，同时补充了图书馆馆藏。

（4）知识因发现而惊喜——书海寻宝、寻书比赛。

图书馆是知识的宝库、信息的海洋，如何在成千上万的书籍中找到自己想要的那本书，这需要娴熟的方法和技巧。"图书馆书海寻宝""情寄书缘寻书比赛"是学生们最喜爱的活动之一，在寻宝、寻书的过程中了解了图书馆藏书布局，掌握了图书查找方法，提高了使用图书馆的能力。

（5）弘扬校园阅读之风——"优秀读者"评选。

该项活动参照每年的读者年图书借阅量、年进馆次数等数据，评选产生年度"优秀读者"20名。几年的评选中，优秀读者年图书借阅量、进馆次数呈逐年增长趋势。该活动通过树立榜样鼓励读者保持阅读热情，弘扬了中华优秀传统文化。

图 1-4　传统项目活动

（6）树立自我管理服务榜样——图书馆勤工助学岗"服务之星"评选。

通过对勤工助学岗学生的履职情况、工作量、服务态度等方面的综合评定，学校每年评选表彰10名年度"服务之星"，以鼓励学生参与图书馆服务，学习自我管理。

（7）架设信息沟通桥梁——读者座谈交流会。

座谈交流会为读者与图书馆搭建起沟通交流平台，与会读者相互分享阅读体验，并对图书馆的资源、服务、环境和发展建设等提出了宝贵意见。

2. 特色项目为推广

（1）传承中华传统艺术文化——校园随拍摄影、书画、书签征选活动。

图 1-5 特色项目活动

"最美读书瞬间"校园随拍摄影征选通过拍摄藏在校园各处角落里的读书瞬间，发现阅读之美，记录精彩校园生活，共收到摄影作品 74 件，其中有 15 件获奖，获奖作品被图书馆网站及校报刊载；"书墨飘香"书画征选活动鼓励学生拿起手中之笔书写高远的意境，勾勒心中的美好，活动收到来自全校师生的书法作品 25 件、绘画作品 110 余件，共计 42 人获奖，优秀作品展示于学校安宁校区图书馆；书签不仅记录了我们的阅历，也是具有欣赏美感的艺术品，"精美书签制作比赛"鼓励学生们自己动手制作书签，用它来传递相互之间的关怀，让生活充满爱意，共收到制作书签 11 份，被图书馆永远收藏。

（2）知识因传播而美丽——图书漂流、电影观影、微电影征选活动。

启动了以"分享、信任、传播"为主题的"图书漂流"活动，长期设立"图书漂流"书架，让好书得到传递阅读，让优秀的文化成果得到广为分享传播；"经典电影观影活动"精选了《建国大业》《美丽心灵》《钢琴师》3 部优秀的经典电影免费放映，让学生们一起重温经典、重拾感动；"最美读书风景——微电征选"收到了《读书》（read book）、《书香校园有你有我》、《学习是快乐的》等 6 部学生自己制作完成的微电影，在活动闭幕式上与学生们进行了分享。

（3）知识因载体不同而传承——移动阅读推广活动。

随着移动阅读时代的到来，不少中华优秀传统文化成果也在向电子化方向发展。活动期间，组织者从电子借阅机上精选各类别的经典电子图书，将书籍封面、内容简介及二维码印制成海报，张贴在校园内人员密集区域，师生们通过手机扫描二维码下载电子版图书。以现代化的阅读方式传承传统文化，实现传统与现代的紧密结合。

三、活动启示

大学是传承中华优秀传统文化的重要阵地，阅读则是大学生掌握知识文化的重要手段，开展阅读推广系列活动对于促进学生全面发展具有重要意义和作用。昆明冶金高等专科学校的阅读推广系列活动经过多年的连续开展，在校内打响了知名度并形成了一定影响力，奠定了良好的读者基础。在系列活动中，学生表现出对移动阅读、微信、微博等新兴阅读方式和阅读服务的浓厚兴趣。在今后的阅读推广活动中，学校会继续精心策划、全面发动，深入了解学生需求和兴趣，开展更丰富多元的中华优秀传统文化推广活动。

第二章 "让阅读成为习惯，让书香滋润心灵"2013年世界读书日系列活动

一、活动方案

为迎接 2013 年 4 月 23 日"世界读书日"的到来，引导和鼓励大学生了解图书馆、利用图书馆、爱护图书馆，促进读者与书为友，营造书香校园氛围，激发同学们的读书热情，图书馆、校团委共同举办昆明冶金高等专科学校"2013 年世界读书日系列活动"。现安排如下：

活动主题：让阅读成为习惯，让书香滋润心灵

宣传口号：阅读启发思维，知识增长智慧。

书籍滋养心灵，阅读丰富人生。

活动对象：全校读者

活动时间：2013 年 4 月 17 日至 5 月 22 日

主办单位：图书馆、校团委

活动内容：

(一) 系列讲座活动

围绕"2013 年世界读书日系列活动"主题，邀请知名专家、学者到校作主题讲座和培训，培养读者阅读兴趣，提高阅读能力。

1. **专家报告：经典阅读与欣赏**

主讲：朱曦（云南师范大学教授、图书馆原馆长、硕士生导师）

时间：2013 年 4 月 17 日

地点：安宁校区主教学楼第八阶梯教室

2. **资源导航：图书馆电子文献信息资源利用培训**

主讲：超星数字图书馆培训师

时间：2013 年 5 月 8 日

地点：安宁校区图书馆电子阅览室

3. **专家报告：读书与人生**

主讲：万永林（云南大学教授、图书馆原馆长、博士生导师）

时间：2013 年 5 月 22 日

地点：安宁校区主教学楼第八阶梯教室

（二）"我读书，我快乐"有奖征文活动

书籍是精神动力的源泉，阅读启发思维，知识增长智慧。本次读书系列活动面向全校学生读者，开展"我读书，我快乐"有奖征文活动。

1. **征文对象：**全校学生读者。

2. **征文主题：**围绕"让阅读成为习惯，让书香滋润心灵"的活动主题，或以"我与图书馆结缘""阅读经典""读书·成才·明理""我最有启发的一本书"等为题，撰写征文。

3. **征文要求：**征文题目与体裁不限，要求立论正确，观点鲜明，文笔流畅，积极向上，坚决反对抄袭他人或网上下载现象。

4. **截稿日期：**即日起至 2013 年 5 月 10 日。

5. **征文评奖：**评选一等奖 3 名、二等奖 6 名、三等奖 10 名和鼓励奖若干名，颁发相应的证书和奖品。

6. **征文展示：**评选结束，获奖征文将推荐发表或通过网络等形式宣传展示。

（三）"读好书微心得"活动

以微博为载体，打破"读书写体会"的传统模式，面向广大学生征集"读好书微心得"，激发广大学生读者爱读书、多交流的热情。

1. **参与对象**：全校学生读者。

2. **参与方式及要求**：围绕学校"2013 年世界读书日系列活动"主题："让阅读成为习惯，让书香滋润心灵"，编辑以"读好书微心得"【话题标题】为开头，含 50~140 字的读书心得，或者配有文字说明图片的微博内容，发表在腾讯个人微博上，并同时@"昆明冶金高等专科学校团委"、"学院团委"和"班级团支部"微博。

3. **截稿日期**：即日起至 5 月 10 日。

4. 要求微博内容健康、积极向上，具有启发、教育意义，在一定程度上能推动校园良好校风、学风的形成。所有微博应为本人独立原创作品，杜绝抄袭。具体内容可以是读书心得、好书推荐、一句话书评、我的藏书或对图书馆的意见和建议等。

5. **活动评奖**：评选一等奖 5 名、二等奖 10 名、三等奖 15 名，并按所发布微博的转发及评论量评选出 1 名"人气微博"奖。

（四）"优秀读者"评选活动

为进一步推动学校学风建设，树校园读书之风，鼓励学生到图书馆多读书、读好书，激发同学们对读书的热情，积极利用图书馆，不断充实自己，提高自身的综合素质，面向全校师生读者开展"优秀读者"评选活动。

1. **评选条件**

（1）书刊借阅量大，主要参考读者借阅图书馆书籍的统计情况。

（2）诚信无违纪，统计期间的借阅活动无违纪、违规及其他不良记录。

（3）参与图书馆活动：向图书馆提出合理化建议，参加图书馆管理服务，能熟练利用图书馆文献信息资源，读一本好书、写一篇心得，参与图书馆志愿者工作和其他读者活动。

2. 奖项设置

"优秀读者" 30 名，其中学生读者 20 名，教师读者 10 名。"优秀读者"将颁发荣誉证书和奖品。

（五）图书展览活动

在 "2013 年世界读书日系列活动" 期间，图书馆将联合昆明新知图书城，举办 "书香校园" 图书展览活动，让古今中外的文化精髓走进广大校园读者。

1. **时间**：2013 年 4 月 17 日至 5 月 15 日。
2. **地点**：安宁校区图书馆一楼大厅。
3. **内容**：书展将提供近期出版的上百种正版精品图书，以供全校读者选购。

（六）图书馆勤工助学岗 "服务之星" 评选

图书馆是学生读书学习的园地，也是其实现自我管理、自我服务的实习基地。勤工助学的学生们在图书馆的日常服务工作中默默奉献，为了激发更多的学生参与，提高服务质量，图书馆将在参与图书馆管理与服务的勤工助学岗学生中评选 "服务之星"，并给予表彰奖励。

1. **评选对象**：图书馆勤工助学岗学生。
2. **评选条件**：遵守工作纪律，认真履行勤工助学岗位职责，按时到岗并完成工作任务，服务态度好，能对图书馆的服务提出合理意见和建议。
3. **奖项设置**：评选 "服务之星" 5 名，颁发证书和奖品。

（七）图书捐赠活动

捐赠图书资料是图书馆藏书的宝贵来源，在知识的传承和交流方面发挥着重要作用，丰富了馆藏，支持了图书馆的发展建设。为了扩大捐赠范围和吸引更多人参与图书捐赠，在"2013 年世界读书日系列活动"期间，图书馆举办图书现场捐赠活动。

1. **地点**：安宁校区图书馆二楼门厅和莲华校区图书馆一楼门厅。

2. **捐赠原则**：

图书馆将接收捐赠者自愿无偿捐赠的各种有收藏价值的手稿、古籍、图书、期刊、视听资料、数字化产品。

对于内容符合本校教学科研范围，适合高校读者阅读的国内外正式出版物，图书馆将进行入藏；其他不符合入藏标准的图书资料将移交到"图书漂流"书架，供读者交换使用。

3. **捐赠方式**：现场捐赠并办理捐赠手续。

4. **捐赠回馈**：

（1）颁发荣誉证书。

（2）捐赠者凭荣誉证书可到本馆免费查阅、复制本馆图书资料。

（3）图书馆将建立图书资料捐赠专项目录，同时在本馆网站公布捐赠信息。

（八）图书漂流

为了分享藏书，以书会友，在读书日系列活动期间，图书馆启动以"分享、信任、传播"为主题的"图书漂流"活动，让图书漂流起来，让好书得到广为分享传播。

1. **地点**：安宁校区图书馆二楼。

2. **内容**：

（1）启动"图书漂流"书架，并长期保留。

（2）书源来自图书馆不予入藏的捐赠图书，或读者将自己不再阅读的图书投放漂流。

（3）读者可根据需求自行取用"漂流图书"。

（九）"跳蚤市场"售书、易书等活动

1. **活动时间**：2013 年 4 月 12 日、4 月 19 日。

2. **活动地点**：学校 1、2 食堂前。

3. **活动内容**：各学院同学根据安排好的地点摆摊销售或交换书籍、音像制品等。

（十）读者座谈交流会

为了提高图书馆服务质量，广泛听取读者的意见和建议，拉近读者与图书馆、读者与读者之间的距离，系列活动期间，图书馆组织读者就"让阅读成为习惯，让书香滋润心灵"主题进行座谈交流。

1. **参与对象**：征文获奖者、"读好书微心得"获奖者、"优秀读者"、图书馆"服务之星"，以及其他热心读者。

2. **时间**：2013 年 5 月 22 日。

3. **地点**：安宁校区图书馆。

4. **内容**：读者代表们就系列活动主题畅谈交流，对图书馆服务和发展建设等提出宝贵意见和建议。

（十一）颁奖仪式

在学校 2013 年世界读书日系列活动结束后，主办单位举行闭幕仪式，对本次活动进行总结与表彰。

1. **参与对象**：学校相关领导、图书馆相关工作人员、读者代表。

2. **时间**：2013 年 5 月 22 日。

3. **地点**：安宁校区图书馆。

4. **内容**：

（1）2013 年世界读书日系列活动总结。

（2）为征文活动、"读好书微心得"活动、"优秀读者"、图书馆"服务

之星"获奖者颁奖。

（3）宣布活动结束。

二、传统活动实践

（一）开幕式

昆明冶金高等专科学校启动"2013 年世界读书日系列活动"。

图 2-1　昆明冶金高等专科学校原团委书记杨浩主持开幕仪式

"4·23 世界读书日"到来之际，图书馆联合校团委推出以"让阅读成为习惯，让书香滋润心灵"为主题的世界读书日系列活动，号召全体师生走进图书馆，与书为友，打造书香校园。4 月 17 日晚上 7 点，活动开幕式在安宁校区举行。昆明冶金高等专科学校副校长赵文亮出席开幕式并致辞。云南师范大学图书馆原馆长朱曦、昆明冶金高等专科学校图书馆馆长杨云、昆明冶金高等专科学校图书馆原党总支书记宋剑祥、昆明冶金高等专科学校团委原书记杨浩，以及师生代表等参加开幕式。

赵文亮代表学校对世界读书日系列活动的举办表示祝贺。他给师生们介绍了世界读书日的由来，并指出书籍是人类宝贵的精神财富，阅读是人类文明进步的阶梯。阅读对于大学生的发展、高等学校的建设，乃至民族兴旺、国家繁荣都有着重要的推动作用。赵文亮与同学们分享了自己的阅读心得和经验，希望同学们积极参加各项读书活动，鼓励同学们在日常学习生活中博览群书，养成良好的读书习惯。希望通过本届世界读书日活动的成功举办，为今后的读书日活动积累经验，使阅读成为昆明冶金高等专科学校同学们的生活习惯，让"书香校园"成为昆明冶金高等专科学校独特的校园文化。图书馆馆长杨云介绍了系列活动的筹备情况和活动内容，并为接下来的专家讲座致辞。

图2-2 昆明冶金高等专科学校副校长赵文亮致开幕词

开幕式结束后，师生们参加了读书日系列活动——专家讲座。邀请了云南师范大学图书馆原馆长朱曦教授作题为《书里书外——文学家的生命体验及其艺术创作》的专题讲座。朱教授通过大量生动实例深入浅出地给同学们讲解了文学家的生活体验对于艺术创作的重要作用，分析指出生命体验是文学产生的主要源泉。他与同学们分享了自己的文学创作心得，并对同学们提出的问题耐心解答，受到同学们的热烈欢迎和喜爱。

本届读书日系列活动为期 36 天，共举办 11 项活动：系列讲座、"我阅读，我快乐"有奖征文、"读好书微心得"活动、"优秀读者"评选、新书展览、图书馆勤工助学岗"服务之星"评选、图书捐赠、图书漂流、"跳蚤市场"售书易书活动、读者座谈交流会和颁奖仪式。

图 2-3 昆明冶金高等专科学校图书馆馆长杨云致辞

（二）系列讲座活动

1. 讲座一：书里书外——中国现代作家的生命体验及其艺术创作

围绕"让阅读成为习惯，让书香滋润心灵"的主题，由校图书馆、校团委共同组织，特邀专家朱曦来我校开展"书里书外——中国现代作家的生命体验及其艺术创作"讲座。

主　题：书里书外——中国现代作家的生命体验及其艺术创作

主讲人：朱曦

时　间：2013 年 4 月 17 日（周三）19:00

地　点：安宁校区主教学楼第八阶梯教室

专家简介：云南师范大学图书馆原馆长、文学院教授、硕士研究生导师、云南师范大学特聘岗第三层次获得者、校级骨干教师、云南省高等学校图书情报工作委员会原副主任兼秘书长、云南西南联大研究会原秘书长、中国现代文学研究会会员、云南省作家协会会员。主要从事中国现代文学、地域文学及图书情报学研究，代表性学术著作《中国现代浪漫主义小说模式》《文本·文化·美——新时期云南文学人类学批评》，在国内核心刊物、省级刊物上发表论文及评论60余篇，承担并完成国家哲学社会科学基金项目1项、承担省部级重点项目2项、云南省教育厅科研项目2项。曾获第五次、第七次、第十四次云南省哲学社会科学优秀成果三等奖，第四届云南省文学艺术创作奖励基金会文艺评论类二等奖，云南省委宣传部第二届"云南文化精品工程"作品奖，云南省教育厅第四次社会科学优秀成果三等奖，2005年获云南师范大学"伍达观奖教金"三等奖，2006年被评为云南省优秀哲学社会科学管理工作者。

图 2-4　朱曦作主题讲座

2. 讲座二：图书馆电子文献信息资源利用培训

（1）活动发布

围绕"让阅读成为习惯，让书香滋润心灵"的主题，由校图书馆、校团委共同组织，特邀北京超星数图信息技术有限公司吴松经理来我校开展"云南省区域图书馆——百链云使用"的培训。

主　题： 云南省区域图书馆——百链云使用

主讲人： 吴松

时　间： 2013 年 5 月 8 日（周三）19：00

地　点： 安宁校区图书馆多媒体教室

百链云简介：

百链云图书馆构建了基于元数据检索的搜索引擎，实现了各类型资源的一站式检索，可以对文献资源及其全文内容进行深度检索并提供文献传递服务的平台。它将电子图书、期刊、论文等各种类型资料整合于同一平台，集文献搜索、试读、传递于一体，突破了简单的元数据检索模式，实现了基于内容的检索，使检索深入章节和全文。在检索结果中，每条命中记录提供了题录信息，同时提供获取途径。如本馆已购买该资源，可直接链接到原文；本馆未购买资源，可通过邮箱申请原文传递，原文传递会在 72 小时内给予答复（一般 2 ~ 10 小时便收到回复）。

（2）活动报道

图书馆举办"2013 世界读书日系列活动
——图书馆电子资源的使用培训"

5 月 8 日晚，由图书馆和校团委联合主办的"2013 世界读书日系列活动——专家讲座"第二场讲座"图书馆电子资源的使用培训"在安宁校区图书馆多媒体教室成功举行。本次讲座邀请了北京超星数图信息技术有限公司吴松经理为同学们开展"云南省区域图书馆——百链云使用"培训。校团委的百余名团学干部参加了此次培训。通过培训，同学们加深了对图书馆电子资源的了解，对同学们学会利用图书馆的资源产生了积极的作用。

3. 讲座三：读书与治学漫谈——从了解和研究云南省情说起

"阅读启发思维，知识增长智慧"，2013 年世界读书日系列活动结束之际，由校图书馆、校团委共同组织，特邀专家万永林来我校作《读书与治学漫谈——从了解和研究云南省情说起》讲座。

主　　题：读书与治学漫谈——从了解和研究云南省情说起

主讲人：万永林

时　　间：2013 年 5 月 22 日（周三）19：00

地　　点：安宁校区主教学楼第八阶梯教室

专家简介：云南大学图书馆原馆长、云南大学教授、史学硕士研究生导师、博士研究生导师、云南省高等学校图书情报工作委员会原副主任、云南省图书馆学会原副理事长、云南省彝学会原副会长、西南民族研究会原理事。主要从事历史学、民族学研究，代表性学术著作有《中国彝族通史》《中国古代藏缅语民族源流研究》，在国内核心刊物、省级刊物上发表论文 31 篇，承担并完成国家社科基金课题《中国赠书工程研究》，以及多项国家级省级课题。

图 2-5　万永林作主题讲座

（三）"我读书，我快乐"有奖征文活动

1. 活动发布

书籍是精神动力的源泉，阅读启发思维、知识增长智慧。结合学校世界读书日系列活动和"红五月"系列活动有关要求，本次征文比赛面向全校学生读者，开展"我读书，我快乐"征文活动。

比赛主题："我读书，我快乐"

主办单位：校团委、图书馆

承办单位：学校帆雨轩文学社

征文对象：全校学生读者

征文要求：

（1）围绕"让阅读成为习惯，让书香滋润心灵"的活动主题，以"我与图书馆结缘""阅读经典""读书·成才·明理""我最有启发的一本书""爱生活·爱阅读""身处 E 时代，莫忘纸张香"等为题，撰写征文。

（2）题目与体裁不限。要求立论正确，观点鲜明，文笔流畅，积极向上，坚决反对抄袭他人或网上下载现象。

（3）字数以 1500~2000 字为宜，诗歌篇幅随个人情感抒发而定。

活动要求：

（1）**截稿日期：**即日起至 2013 年 5 月 10 日。参赛征文以学院为单位将电子版汇总，于 5 月 10 日前发送至帆雨轩文学社邮箱。

（2）要求每个学院提交 5 篇征文参加校级比赛，各学院可结合自身情况开展院级评选。

奖项设置：

（1）**征文评奖：**评选一等奖 3 名、二等奖 6 名、三等奖 10 名和鼓励奖若干名，颁发相应的证书和奖品。

（2）**征文展示：**评选结束，获奖征文将推荐发表或通过网络等形式宣传

展示。

2. 获奖

一等奖3名，二等奖6名，三等奖10名，优秀奖24名，共计43名。

3. 获奖作品展示

书中的柔软时光

一杯清茶，一本书，留下一段柔软时光。

——题记

尘世的嘈杂迷乱我的眼，我躲在书本的身后，倾听丝丝细语，品味那份属于我的宁静，书中的那段柔软时光，留存于心。

一边走一边拾起遗落在路途中的记忆，可时间不会停止她向前的脚步，而我们也不会停留在昨天，总以为："时间太瘦，指尖太宽。"却忘了珍惜她停在指尖的那一瞬间。踏上人生的旅途，我们跟随着时间的脚步，辗转于一站又一站。时间在流逝，我们也在成长。挥手阔别，二十许光华。蓦然回首，流年记忆，纵然有千般留恋，我们终究也无济于事。时间的飞逝，使我们跟不上她的脚步，只能无奈地站在原地，看着她把我们的棱角一点点地磨平。不得不感叹"水滴石穿"的力量，时间的流逝，改变的不只是当初的模样，改变的还有我们的内心。是否能找到一个平衡点，让我们可以如置一个水平面上，寻求一片平静静态，让自己的心不会干涸。

总喜欢在午后躲进图书馆，在书架与书架中穿梭、寻找；总喜欢躲进书中的世界，在这个异彩纷呈的世界中，寻找一份安静。总喜欢躲在文字的记述里，在字里行间寻找一份慰藉，感受文字的魅力。时间在流逝，可在这儿似乎是静止的，并且可以穿越空间的局限。喜欢书中描述的江南："江南好，风景旧曾谙。日出江花红胜火，春来江水绿如蓝，能不忆江南?"想象着，撑一支船篙，撑一把油纸伞，品上一杯清茶，向江南漫溯。偶尔停戈，驻足观望，转角处偶遇如林徽因一样的女子，如莲一样高洁、一样美好，多想成为那样淡淡的女子。喜欢那一句"行到水穷处，坐看云起时"，想象着那位诗人王维，常游走于山水之间，随意而行，不知不觉，竟走到流水的尽头，看是无路可走了，于是索性就地坐下来，看那悠闲无心的云兴起飘游，那样自得其乐的闲适的情趣让我向往。时间在流逝，而我喜欢在这儿，寻找、倾听、感悟，喜欢书中的柔软时光。

还记得高中时，在图书馆里偶然间翻到一本名为《谁的青春不忧伤》的小说，抱着打发闲暇时间的念头借了这本书。随后便在课间快速浏览了这本书，而后的日子便是无尽的遐想，想象着那样的大学生活。走在百米长的林荫小道上，透过茂密的枝叶看天空，感觉只有掌心那样大，闲暇时到处走走看看，和朋友们谈天论地，可以一觉睡到自然醒，不必担心自己考得不好，只要期末好好复习就可以了，亦没有那么大的压力。那时的自己，总在堆得如山高的书后面听着老师讲课，有做不完的复习题、考不完的试、背不完的书，每天重复着一样的旋律。偶然间的触碰，书中的那段柔软时光让我向往，有多少次看着书里的故事，却把它想象成那样的自己。那时一直在找寻让自己奋斗的理由，而后似乎找到了。在那段书中的柔软时光里，我找到了。那年的夏天，我告别了高中，告别了那个我为梦想而战的地方，现在时常会想起，那张堆满书的课桌；时常会想起 56 位同学，挤在一间教室里，演绎的欢乐与哀愁；时常会想起，坐在操场上，我以 45°角仰望天空的那个姿势；时常会想起，夜深人静的时候，蚊帐里发出微弱的光；时常会想起，书中的那段柔软时光里的自己。

今年夏天，我即将告别我的大一时光。窗外，大三的学长、学姐们辗转于校园中的每一个角落。用自己手中的相机，记录下此时的美好，时间在一瞬间定格，此时的微笑，在若干年之后还会遇见吗？答案不言而喻，告别了校园生活，此时的微笑，在时间与世事的打磨之下，在一点点变质，大三的学长、学姐们的眼中隐忍的泪光刺痛我们的双眼。我知道，时间在流逝，两年后的夏天，我们终会成为他们。不必忧伤，青春就是这样的一去不复返，这本自然。喜欢刘同的《谁的青春不迷茫》一书，喜欢书中的文字，150万字北漂的记录，是他跨度 10 年的自我对话，讲述了一个奋斗小青年的逆袭人生。喜欢那一句"你觉得孤独就对了，那是让你认识自我的机会；你觉得不被理解就对了，那是你认清朋友的机会；你觉得黑暗就对了，那是让你发现光芒的机会；你觉得无助就对了，那样你才能知道谁是你的贵人；你觉得迷茫就对了，谁的青春不迷茫"。简单的文字，真诚的话语，让人不禁遐想，那样的心理历程。走进了大学才发现，在这里有的人比在高中时还要努力，有的人就此沉沦，有的人就此享乐，有的人忙碌，有的人无所事事。也会感伤，也会迷茫，也会抱怨，可这就是青春。总喜欢埋头看书、思考、遐想的自己，喜欢安静的自己，喜欢书中的那段柔软时光，以此来沉淀自己，这就是自己想要的。

想起一句"读万卷书，行万里路"。想象着那样的生活，领略书中异彩纷呈的世界，感受着书中的那段柔软时光，与作者超越时间和空间的对话，让自己的心不会枯老，找到一个平衡点，在这样一个物欲横流的世界中，感知"上善若水"的世界。

想起书中的一句话："失之坦然，得之淡然，争其必然，顺其自然。"的确，时光易逝，容颜易改，而我喜欢书中的那段柔软时光，以超然之心态，静观喧嚣之美。

我与图书馆结缘

"一个人，一本书，一瓶矿泉水，找一个角落坐下。"这个画面不知曾在我的脑海里浮现过多少次，这个我曾经幻想过无数次的场景终于成为现实。而此时此刻的我，独自坐在图书馆的一个角落，回想着我与图书馆之间的缘分。

"时间如水，岁月如梭。"不知不觉中，我已与图书馆之间有了十几年的缘分。

我的小学和初中都是在一个贫困的小山村里度过的，因此我对图书馆并没有具体的概念，但我却清楚地记得我对书的喜爱却是与生俱来的。小时候不知从哪里得到的漫画书竟让我读得"废寝忘食"；初中时，不知是谁去县城买的《青年文摘》我借来后阅读连中间的小广告都一字不落，真可谓不亦乐乎！这些场景一幕幕地浮现在我眼前。因此，当时的我已对图书馆更是朝思暮想，梦想着有一天可以坐在图书馆里看自己喜爱的书。

上了高中，学校总算有了个图书馆。虽然书少得可怜，但对于我来说已经弥足珍贵。高中的学习虽然是紧张的，可我经常是忙里偷"闲"。每星期总会抽出一些时间到图书馆。在这里，我可以"肆无忌惮"地读着自己喜欢的书，不用担心上什么课、作业还没有做完。尤其在课业繁重的时候我更是坚持去图书馆。到图书馆我所有的烦恼便会消失，剩下的只有轻松和快乐！

走过了高中，来到大学。刚来大学本以为我可以到朝思暮想的地方去广泛涉猎，但我发现有那么一段时间我却迷茫了。我看到了有人在大学里可以从早到晚地打刀塔，也有人可以在大学里花前月下，收获爱情的甜蜜，还有人在忙着学生会和社团里的事。但当我某次踏进图书馆时，我发现我的心一下子就知道我需要什么，我不再迷茫了。从此以后，我每天都会来到图书馆，即使不看书，也会静静地找一角落坐下，感受她的气息，感受她的魅力。在这里，我曾阅读了《三国演义》，感受到了刘、关、张的兄弟情谊；我也阅读了《钢铁是怎样炼成的》，看到了为革命艰苦奋斗的保尔；我还曾阅读了《老人与海》，认识到了一位为了信念坚持不懈的老人……

在这里，我不仅可以到浩瀚的书海中去翱翔，更可以提高个人品格来提高我们的素质，每次看到同学轻轻地挪开椅子，到图书馆后都自动将手机调成静音，连上厕所都是踮起脚尖走……这一幕幕很小的片段都能显示出一个人的素质来。

此时此刻的我就坐在她的一个角落里，猛一抬头我发现有的同学表情严肃，笔在飞快地挥动着，那一定是在做作业；有的也和我一样，找一个角落坐下，手捧一本书，脸上却微带笑容，我想那人一定沉浸在书中的诗情画意里；还有人在书架前面来回走动，两眼炯炯有神，我想大概是担心错过某本书吧！

图书馆像一位母亲，无论你贫贱与否，无论你道德如何，她都如母亲一般接受你；图书馆像一位睿智的老者，他给你指点迷津；图书馆又像一位美人，可以让我们感受到她的气息、她的魄力。

图书馆给人以思考，让我在思考中前进。

图书馆给人以启迪，让我在启迪中创新。

图书馆给人以智慧，让我携智慧同行。

今天，你去图书馆了吗?

（四）读书日系列活动之"优秀读者"评选

2013 年世界读书日系列活动之际，为树校园读书之风，鼓励学生多读书、读好书，激发同学们对读书的热情，积极利用图书馆，图书馆和校团委面向全校师生读者开展"优秀读者"评选活动。

1. 评选条件

（1）书刊借阅量大，主要参考读者借阅图书馆书籍的统计情况。

（2）诚信无违纪，统计期间的借阅活动无违纪、违规及其他不良记录情况。

（3）参与图书馆活动：向图书馆提出合理化建议，参加图书馆管理服务，能熟练利用图书馆文献信息资源，读一本好书、写一篇心得，参与图书馆志愿者工作和其他读者活动。

2. 奖项设置

"优秀读者"30 名，其中学生读者 20 名，教师读者 10 名。"优秀读者"将颁发荣誉证书和奖品。

（五）读书日系列活动之图书馆勤工助学岗"服务之星"评选

图书馆是学生读书学习的园地，也是其实现自我管理、自我服务的实习基地。勤工助学的学生们在图书馆的日常服务工作中默默奉献，为图书馆服务质量的提升做出了积极努力。为了激发更多的学生参与，提高服务质量，图书馆将在参与其管理与服务的勤工助学岗学生中评选"服务之星",并给予表彰奖励。

1. 评选对象

图书馆勤工助学岗学生。

2. 评选条件

遵守工作纪律,认真履行勤工助学岗位职责,按时到岗并完成工作任务,服务态度好,能对图书馆的服务提出合理意见和建议。

3. 奖项设置

评选"服务之星"5名,颁发证书和奖品。

(六)图书捐赠活动

全校读者:

昆明冶专图书馆是学校的文献信息中心,是为教学、科研、育人服务的学术机构。近60年的发展,图书馆建立了两部分馆舍:校本部图书馆,安宁校区图书馆。总面积24760平方米,馆藏文献142万册。

为了充实学校图书资源,满足学生、教师们对知识的渴求,丰富学生的课外阅读,本着"资源共享,好书共赏"的良好愿望,特向全体师生员工发出捐书倡议,希望大家能一如既往地支持图书馆,伸出友爱之手,尽献微薄之力,把闲置的书籍捐献给学校。古人云:"授人以鱼,不如授人以渔。"或许一本书对您而言不算什么,可对那些学生来说却弥足珍贵。

一本本书可以筑成一座知识的堡垒,一颗颗爱心可以汇成一片爱的海洋,亲爱的全体读者,请伸出您的双手,奉献您的爱心,加入捐书活动中来吧,让更多的同学从中受益,让图书发挥更大的价值!

我们衷心期待您的参与!

1. 捐赠要求

捐赠资料可以是有收藏价值的手稿、古籍、图书、期刊、视听资料、数字化产品,以及专用设备、款项等。本馆将珍惜、珍藏您捐出的每一份爱心，也衷心地希望您捐赠的图书尽量符合以下条件。

（1）内容符合本校教学科研范围，适合高校读者阅读。

（2）国内外正式出版物。

（3）本馆缺藏或复本较少的图书资料。

（4）捐赠的同一书籍复本不超过 5 册。

2. 捐赠方式

（1）到馆捐赠

捐赠者可将书籍资料送到昆明冶金高等专科学校图书馆一楼文献管理中心，并办理相关事宜。

（2）邮寄捐赠

我馆也接收邮寄捐赠，邮寄地址：云南省昆明市学府路 388 号昆明冶金高等专科学校图书馆文献管理中心。邮编：650033。

注：捐赠者在捐赠之前可事先咨询，捐赠者可将所捐图书信息（书名、著者姓名、出版社、ISBN 号、捐赠册数）以及捐赠者个人信息发送到 kmyzlib@ 163. com。我馆工作人员将及时进行回复，联系捐赠事宜。

3. 捐赠时间

（1）捐赠者可于"世界读书日"活动期间进行捐赠。

（2）图书馆设立"捐赠箱"，长期接受捐赠。

4. 捐赠回馈

（1）凡本馆接收入藏的捐赠图书资料，图书馆均将向捐赠者颁发荣誉证书，以示感谢。

（2）捐赠者凭荣誉证书，可到本馆免费查阅、复制资料。

（3）图书馆将建立图书资料捐赠专项目录，同时在本馆网站公布捐赠者姓名、捐赠图书资料名录及数量等。

5. 说明

由于所捐赠的书籍均需按照图书馆馆藏要求进行入库处理，需要一段时间。若您发现所赠的书籍资料尚无法完整地呈现，请见谅！我们一定会持续地处理您的赠书。

对您的爱心和支持，再次衷心地表示感谢！

（七）读者座谈交流会

5 月 22 日下午 2 时，"2013 年世界读书日系列活动——读者座谈会"在安宁校区图书馆三楼会议室举行。座谈会以"让阅读成为习惯，让书香滋润心灵"为主题，邀请了本次系列活动中的"优秀读者"、图书馆勤工助学岗"服务之星"、"我读书，我快乐"有奖征文活动获奖者、"读好书微心得"活

图 2-6 读者座谈会

动获奖者，以及其他热心读者等 100 余人参与座谈。会上"优秀读者"交流读书心得，"服务之星"畅谈服务理念，征文活动和"读好书微心得"活动获奖者交流获奖感言，并对图书馆服务和发展建设等提出了宝贵意见和建议。图书馆领导和相关工作人员对图书馆现状做了详尽介绍，悉心听取读者们的意见和建议，并承诺将继续加强内涵建设，不断强化服务管理，努力建设和谐、开放、文明的大学图书馆，使图书馆真正成为学校文献信息资源收藏与服务中心，成为全校万名师生读书学习的大书房。

（八）闭幕式

"2013年世界读书日系列活动"圆满落幕

5月22日晚上7时，"2013年世界读书日系列活动——专家讲座"第三场在安宁校区主教学楼第六阶梯教室成功举行。图书馆邀请了云南大学图书馆原馆长万永林教授作题为《读书与治学漫谈——从学习和研究云南省情说起》的专题讲座。万教授从云南省情、正确处理广博与专精的关系、读书治学要有得力之书、自觉地完善自己的知识结构、积极参加社会实践和注意上下贯通、左右联系6个方面展开讲解，指导同学们怎样选择书，如何读书，如何利用文献信息知识，从而通向成功的道路。同学们针对自身情况提出疑问，万教授一一耐心解答。通过听取讲座，同学们纷纷表示受益良多，并希望今后学校能多提供类似的学习机会。

专家讲座结束后，活动闭幕仪式在第六阶梯教室隆重举行。昆明冶金高等专科学校原副校长陈铁牛出席闭幕式并致辞。云南大学图书馆原馆长万永林、昆明冶金高等专科学校校图书馆馆长杨云、昆明冶金高等专科学校图书馆直属党支部原书记宋剑祥、昆明冶金高等专科学校团委原书记杨浩，昆明冶金高等专科学校资产处原处长姚滇春以及师生代表等参加了闭幕式。闭幕式由杨浩主持。

杨云对本届世界读书日系列活动进行了总结，本届读书日系列活动为期36天，共举办11项活动。活动期间共举办3场专家讲座，分别邀请了云南师范大学图书馆原馆长朱曦教授、北京超星数图信息技术有限公司吴松、云南大学图书馆原馆长万永林教授作专题讲座，受到广大师生的欢迎。"我读书，我快乐"有奖征文活动，收到来自全校各学院的征文124篇，其中43篇获奖，涌现出一批优秀的作品。"读好书微心得"活动共收到微博1217条，其中30条获奖。"优秀读者"评选活动评选产生30名优秀读者，其中教师读者10名，学生读者20名。同时我们还评选了图书馆勤工助学岗"服务之星"5名，他们认真履行工作职责，对图书馆的工作做出了积极贡献。活动期间，图书馆启动了以"分享、信任、传播"为主题的"图书漂流"活动，再次掀起了图书捐赠的热潮，校团委组织学生开设了跳蚤市场进行售书、易书。活动尾声，图书馆和校团委组织了读者座谈交流会，代表们就系列活动主题畅谈交流，对图书馆服务和发展建设等提出了宝贵意见和建议。

宋剑祥宣读了本次系列活动各项评选活动的获奖名单。出席闭幕式的领导还分别为获奖者们颁发了获奖证书和纪念品。

陈铁牛代表学校对世界读书日系列活动的成功举办表示祝贺。他与同学们分享了自己的读书心得和经验，指出大学时期是人生最重要的学习阶段，激励同学们通过阅读完善自我，树立远大理想并为之奋斗。希望以本届读书日活动为开端，今后每年坚持举办读书日活动，通过读书日活动的开展带动同学们的读书热情，引导同学们养成良好的读书习惯，营造书海飘香的校园文化氛围。

2013年读书日系列活动已暂告一段落，但学校读书活动将以此迎来新的开始，希望我们的校园成为一个书香充盈的校园。

图2-7　颁奖仪式

三、特色活动实践

(一)图书漂流

在 2013 年世界读书日来临之际,图书馆推出"图书漂流"活动,给师生们一个相互交流的平台,让"睡书"变为"醒书",增进读者间的尊重与信任,营造读书氛围,倡导节俭和环保生活。

宗旨: 分享、信任、传播

时间: 2013 年 4 月 17 日起

地点: 安宁校区图书馆二楼图书漂流区(图书馆将长期保留"图书漂流"书架)

背景介绍: 图书漂流,是一段文明美丽的奇妙旅程,起源于 20 世纪六七十年代的欧洲。读书人将自己读完的书,随意放在公共场所,如公园的长凳上,捡获这本书的人可取走阅读,读完后再将其放回公共场所,再将其漂出,让下一位爱书人阅读,继续一段书香漂流。没有借书证,无须付押金,也没有借阅期限,让"知识因传播而美丽"。

(二)"读好书微心得"活动

主办单位: 校团委、图书馆

承办单位: 校微博协会

参加对象: 全体在校学生

活动时间: 2013 年 4 月 7 日至 5 月 10 日

参与方式及要求:

(1)本次活动以腾讯微博为载体,面向广大学生征集"读好书微心得"。要求微博内容健康、积极向上,具有启发、教育意义,在一定程度上能推动校园良好校风、学风的形成。具体内容可以是读书心得、好书推荐、一句话书评、我的藏书或对图书馆的建议等形式。

（2）参与方式与要求：

①在校同学以腾讯微博围绕本届读书文化月主题，编辑以"读好书微心得"【话题标题】为开头，含 50~140 字的读书心得或者配有文字说明图片的微博内容，发表在腾讯个人微博上，并同时@"昆明冶金高等专科学校团委"、"学院团委"和"班级团支部"微博。

②微博获奖后，将以私信形式联系获奖同学，以便制作证书及发奖事宜，请参赛同学注意关注。

③所有微博应为本人独立原创作品，杜绝抄袭。

奖项设置：

活动最后将评选出一等奖 5 名、二等奖 10 名、三等奖 15 名，并按所发布微博的转发及评论量，评选出 1 名"人气微博"奖。

各学院要通过活动推动微博体系建设，鼓励学生全面参与，积极互动，活跃班级团支部和学院团委微博，可结合自身情况开展院级评选活动。

（三）图书展览

为了迎接 2013 年"世界读书日"的到来，图书馆联合昆明新知图书城，举办"书香校园"图书展览活动，让古今中外的文化精髓走进广大校园读者。

主题：让阅读成为习惯，让书香滋润心灵。

时间：2013 年 4 月 17—19 日。

地点：安宁校区图书馆一楼大厅。

展览内容：书展将提供近期出版的上百种正版精品图书，以供全校读者选购。

（四）"跳蚤市场"售书、易书等活动

1. 活动目的

结合学校世界读书日系列活动和"红五月"系列活动，丰富活动形式，特举办本次"图书跳蚤市场"活动，旨在以"图书跳蚤市场"为桥

梁，通过灵活的交换模式、实惠的价格、称心的书刊、真诚的交流，不仅培养大学生珍惜书刊、节约资源的好习惯，同时激发大学生共言好书、阅读好书的热情，锻炼社会实践能力。

2. 组织机构

主办单位： 图书馆、校团委、校学生会、校社团联合会

承办单位： 各学院学生会

3. 活动时间

2013 年 4 月 12 日 14：00；4 月 19 日 14：00

4. 活动地点

安宁校区： 中心岗亭与 2 食堂旁之间空地

莲华校区： 体育馆旁空地

5. 活动方式

（1）各学院学生会根据通知要求，结合自身情况，广泛发动本学院同学参与或委托学院学生会集中销售，各学院学生会做好委托销售物品的保管、销售和登记工作，以免发生纠纷。

（2）各学院根据学院参与跳蚤市场情况分别于 4 月 11 日及 4 月 18 日前向校社团联合会申请帐篷。各学院自行准备装放物品的器具。

（3）活动现场的秩序由校社团联合会负责维持与协调，各学院销售点人员在服从统一协调的前提下自由销售。

6. 销售物品要求、分类及举例

销售的物品必须是内容健康向上的，可包括：书籍类（杂志、参考书、小说、名著等）、电子音像类（Mp3、Mp4、U 盘、碟片等）、体育用品（篮球、羽毛球等）。

第三章　"传递书香情，构筑中国梦" 2014 年世界读书日系列活动

一、活动方案

4 月 23 日是联合国教科文组织确定的世界读书日，它设立的目的在于："希望散居在全球各地的人们，无论你是年老还是年轻，无论你是贫穷还是富有，无论你是患病还是健康，都能享受阅读的乐趣，都能尊重和感谢为人类文明做出巨大贡献的文学、文化、科学思想大师们。"2013 年，我校成功举办了世界读书日系列活动，得到了广大师生的好评。为迎接 2014 年世界读书日的到来，图书馆、校团委、学生处将继续举办昆明冶金高等专科学校 2014 年世界读书日系列活动。现安排如下：

活动主题：传递书香情，构筑中国梦

宣传口号：让我们在春天里阅读梦想。

最是书香能致远，腹有诗书气自华。

阅读丰富人生，知识创造财富。

活动对象：全校师生读者

活动时间：2014 年 4 月 17 日至 5 月 22 日

活动内容：

（一）系列讲座活动

围绕"传递书香情，构筑中国梦"主题，邀请知名专家、学者到校作主题讲座和培训，培养读者阅读兴趣，提高阅读能力。

1. 专家报告

主题：文而化之——关于传统文化的几个问题

主讲：张仲华（昆明理工大学教授、图书馆原馆长）

时间：2014 年 4 月 17 日 19:00

地点：安宁校区主教学楼第六阶梯教室

2. 资源导航

主题：打开网上图书馆的大门——学校图书馆电子资源导航

主讲：李永宁（昆明冶金高等专科学校图书馆馆员）

时间：2014 年 5 月 8 日 19:00

地点：莲华校区图书馆

3. 专家讲座

主题：整合资源　助力创新——数据知识服务平台资源介绍及检索使用

主讲：杨维

时间：2014 年 5 月 22 日 19:00

地点：安宁校区主教学楼第六阶梯教室

（二）"经典阅读"有奖征文活动

"阅读大师经典，汲取精神能量"，为激发师生读书热情，分享读后感悟，现向全校师生开展"经典阅读"有奖征文活动。

1. 征文对象：全校师生读者。

2. 征文要求和提交方式：

（1）紧扣"传递书香情，构筑中国梦"主题，题目自拟，体裁不限。内容积极向上、观点鲜明、结合实际、语言流畅、生动感人，不得抄袭。

（2）文档标题三号黑体居中，正文宋体、小四号字，行距 1.5 倍，A4 页面，字数以 800~2000 字为宜。

（3）注明作者姓名、学院、班级、联系电话、邮箱。

3. **截稿日期**：即日起至 2014 年 5 月 12 日。

4. **征文评奖**：学生读者评选一等奖 3 名、二等奖 6 名、三等奖 10 名和鼓励奖若干名，颁发相应的证书和奖品；教师读者评选一、二、三等奖若干名，颁发相应的证书和奖品。

（三）"读好书，评好书"——精彩书评征选活动

一本好书就是一个好的世界，而好的书评则是一双慧眼，带我们领略这个世界中的精彩。当你读到一本好书的时候，你会怎样评价它？又会怎样向他人介绍并推荐它呢？

为了进一步提升学校文化氛围、建设书香校园，现面向全校读者征集原创书评，让我们一起在茫茫书海中寻找最爱，品味那些耐人寻味的经典吧！

1. **参与对象**：全校师生读者。

2. **要求**：书评内容健康、积极向上，具有启发、教育意义，在一定程度上能推动校园良好校风、学风的形成。所有微博应为本人独立原创作品，杜绝抄袭。

3. **参与方式及要求**：围绕学校"2014 年世界读书日系列活动"主题："传递书香情，构筑中国梦"，编辑以"读好书评好书"【话题标题】为开头，对单本图书进行评论，要求语言简洁，文字干练而不失优美；字数 50~140 字，或者配有文字说明图片，发表在腾讯个人微博上。学生读者请同时@校团委微博、学院团委微博，教师读者请@kmyzlib 微博。

4. **截稿日期**：即日起至 2014 年 5 月 12 日。

5. **活动评奖**：学生读者评选一等奖 5 名、二等奖 10 名、三等奖 15 名，并按所发布微博的转发及评论量评选出 1 名"人气书评"奖，颁发证书

和奖品；教师读者评选一、二、三等奖若干名，颁发证书和奖品。

（四）"最美的读书瞬间"——校园随拍摄影征选活动

1. **参与对象**：全校师生读者。

2. **内容**：通过摄影镜头捕捉反映校园阅读文化的人、物、事，可以是长椅边、树林中、草坪上、教室中醉心于阅读的身影，可以是你心中最美的读者，可以是散发着浓浓墨香的书册，可以是常被人忽略的图书馆某个角落，可以是辛勤工作的图书馆员。拿起你的数码相机或手机，让我们一起拍下藏在校园各处的读书瞬间吧！不在乎技术怎样，只在乎我们每个人都有一双发现美丽的眼睛！

3. **活动要求**：

（1）参赛作品为个人作品，要突出主题，体现教育意义，作品表现风格不限。

（2）参赛作品单幅、组照均可（一组最多 3 张），黑白、彩色不限，每张照片配上 50~100 字的文字描述，数码作品必须是 JPEG 格式，作者必须保存原稿。

（3）不得抄袭和盗用他人作品。

（4）学生作品（JPEG 格式）以邮件发送到 kmyzxtw@163.com，邮件主题注明作品标题、姓名、学院、联系电话；也可将照片实物交至安宁校区创新楼三楼校团委宣传部办公室，照片后注明作品标题、姓名、学院、联系电话。

（5）教师作品以邮件发送到 kmyzlib@126.com，邮件主题注明学院、姓名；也可将照片实物交至安宁校区图书馆服务台，照片后面注明学院、姓名。

4. **截稿日期**：即日起至 2014 年 5 月 12 日。

5. **评奖**：学生作品评选一等奖 1 名，二等奖 2 名，优胜奖 3 名；教师作品评选一、二、三等奖若干名。

（五）图书馆系列文化沙龙活动

1. 真人图书馆小型沙龙

真人图书馆（Living Library）是一个虚拟的概念，但它分享了一个理念："我们每个人的经历本身就是一本书"，通过把有特别人生经历、特别故事或者特别技艺的人邀请到一起，以一种面对面沟通的形式来完成"图书"的阅读。

2005 年，真人图书馆这一概念在欧洲流行开来，当年丹麦、匈牙利、芬兰、冰岛、葡萄牙等欧洲国家举办了 10 多次真人图书馆活动。同年，图书馆行业也开始涉及此项活动。之后，真人图书馆渐渐传播到美国、加拿大、日本、巴西、墨西哥、泰国。近几年，中国的"真人图书馆"受到读者欢迎。2009 年，上海交通大学首个在国内试验的"真人图书馆"备受关注，成都、南京、大连也纷纷推广。

（1）**参与对象**：全校师生读者。

（2）**真人书**：邀请邱天分享他在旅行的过程中帮助穷困学生完成学业的故事。

（3）**形式**：先期向读者推介"真人书"的主题，让读者进行预约，确定每本"真人书"为 10 ~ 20 个读者名额。然后选择三楼阅览区一个靠窗、明亮、僻静的角落，一张桌子，若干把椅子，"真人书"与读者座谈，围绕一个既定的主题，由"真人书"先讲自己的故事，然后由读者就自己的兴趣点向"真人书"交流，氛围自由，属于小型沙龙活动。

（4）**时间**：2014 年 4 月 28 日 14：00。

（5）**地点**：安宁校区图书馆。

2. "图书馆，我想对你说" 读者建言沙龙

为使我们的图书馆更加舒适，管理更加得当，同学们在图书馆的学习、阅读提供更加良好的环境，开展"图书馆，我想对你说"的读者代表面对面

交流活动，征集读者对图书馆的感受、意见、建议。

（1）**参与对象**：各学院学生代表和图书馆员。

（2）**时间**：2014 年 5 月 12 日 14：00。

（3）**地点**：安宁校区图书馆。

（4）**内容**：读者代表们对图书馆的服务方式、服务质量、环境设施等各个方面畅谈感受、意见、建议等。

3. "服务之星" "优秀读者" 经验分享沙龙

"天堂应该是图书馆的模样"，图书馆是知识的殿堂，是读者的精神家园，为读者服务，爱读书、读好书，这是图书馆倡导的服务理念和风尚。在世界读书日系列活动期间，图书馆邀请当选的"服务之星"和"优秀读者"齐聚一堂，就各自的服务和读书体验交流分享，同时对图书馆的服务方式、服务质量、环境营造建言献策。

（1）**参与对象**：当选的"服务之星" "优秀读者"。

（2）**时间**：2014 年 5 月 19 日 14：00

（3）**地点**：安宁校区图书馆。

（六）"你的眼光，我的选择" 荐好书活动

在"2014 年世界读书日系列活动"期间，图书馆开展"你的眼光，我的选择"图书荐选活动，开展读者选书，图书馆购书活动。活动中读者所推荐的图书，图书馆将及时和有针对性地进行馆藏查找、采购等工作安排，并通过网络等渠道及时反馈信息和推荐优秀书籍，以满足全校师生学习及教研对图书资源的需求。

1. **参与对象**：全校师生读者

2. **荐书时间**：2014 年 4 月 17—30 日

3. **内容**：

（1）邀请各学院（处）专家、教授参与"教授开书单，荐好书"。

（2）邀请全校师生读者参与自由荐书。

4. **荐书方式：**

（1）登录图书馆主页"读者服务"好书推荐页面提供荐选书目。

（2）填写书目信息（含有 ISBN 书号、书名、作者、出版年份、推荐人、联系方式）发至图书馆办公平台，以便后期信息反馈。

（七）图书馆"优秀读者"评选活动

为了充分利用图书馆文献资源，激发学生的读书热情，正确引导学生的阅读方向，培养大学生"多读书、读好书"的良好品格，营造学校良好的读书风气，面向全校学生读者开展 2013—2014 学年"优秀读者"评选活动。

1. **评选条件：**

（1）**书刊借阅量大：** 主要参考读者借阅图书馆书籍的统计情况。

（2）**诚信无违纪：** 统计期间的借阅活动无违纪、违规及其他不良记录情况。

（3）**参与图书馆活动：** 向图书馆提出合理化建议，参加图书馆管理服务，能熟练利用图书馆文献信息资源，读一本好书、写一篇心得，参与图书馆志愿者工作和其他读者活动。

2. **评选时间：** 即日起至 2014 年 4 月 30 日。

3. **奖项设置：** "优秀读者" 20 名，颁发荣誉证书和奖品。

（八）图书馆勤工助学岗"服务之星"评选活动

图书馆是学生读书学习的园地，也是其实现自我管理、自我服务的实习基地。勤工助学的学生们在图书馆的日常服务工作中默默奉献，为了鼓励更多的学生参与，提高服务质量，图书馆将在参与图书馆管理与服务的勤工助学岗学生中评选"服务之星"，并给予表彰奖励。

1. **评选对象：** 图书馆勤工助学岗学生

2. **评选条件：** 遵守工作纪律，认真履行勤工助学岗位职责，按时到岗并完成工作任务，服务态度好，能对图书馆的服务提出合理意见和建议。

3. **评选时间**：即日起至 4 月 30 日。

4. **奖项设置**：评选"服务之星"10 名，颁发证书和奖品。

（九）读者座谈交流会

为了提高图书馆服务质量，广泛听取读者的意见和建议，拉近读者与图书馆、读者与读者之间的距离，系列活动期间，图书馆将组织读者就"传递书香情，构筑中国梦"主题进行座谈交流。

1. **参与对象**：征文获奖者、"读好书，评好书"获奖者、"最美的读书瞬间"获奖者、"优秀读者"、图书馆"服务之星"，以及其他热心读者。

2. **时间**：2014 年 5 月 22 日 14：00。

3. **地点**：安宁校区图书馆。

4. **内容**：读者代表们就系列活动主题畅谈交流，对图书馆服务和发展建设等提出宝贵意见和建议。

（十）颁奖仪式

在学校"2014 年世界读书日系列活动"结束后，主办单位将举行闭幕仪式，对本次活动进行总结和表彰。

1. **参与对象**：学校相关领导、图书馆相关工作人员、读者代表。

2. **时间**：2014 年 5 月 22 日。

3. **地点**：安宁校区主教学楼第六阶梯教室。

4. **内容**：

（1）2014 年世界读书日系列活动总结。

（2）为"经典阅读"征文活动、"读好书评好书"活动、"最美的读书瞬间"活动、"优秀读者"、图书馆"服务之星"获奖者颁奖。

（3）宣布活动结束。

二、传统活动实践

（一）开幕式

1. 开幕式致辞

（1）**致辞人**：昆明冶金高等专科学校副校长　赵文亮

（2）**开幕词**

尊敬的张仲华教授，老师们、同学们：

晚上好！

在这万物复苏、春光明媚的美好时节，我们迎来了"昆明冶金高等专科学校 2014 年世界读书日系列活动"的开幕。我代表学校对世界读书日系列活动的举办表示祝贺！对昆明理工大学档案馆张仲华馆长的到来表示欢迎和感谢！

联合国教科文组织在 1972 年向全世界发出"走向阅读社会"的召唤，要求社会成员人人读书，图书成为生活的必需品，读书成为每个人日常生活不可或缺的一部分。1995 年，联合国教科文组织宣布 4 月 23 日为"世界读书日"，同时 4 月 23 日也是西班牙著名作家塞万提斯和英国著名作家莎士比亚的辞世纪念日。

自"世界读书日"确定以来，已有超过 100 个国家和地区参与此项活动。很多国家在这一天或者前后一周、一个月的时间内都会开展丰富多彩的活动，图书馆、媒体、出版商、学校、商店、社区等机构团体在这一段时间里，都会做一些赠书、读书、演戏等鼓励人们阅读的事情，把读书的宣传活动变成一场热热闹闹的欢乐节庆。2004 年，中国图书馆学会为了实施"倡导全民读书，建设阅读社会"为宗旨的"知识工程"，在全国范围内举办大型活动，让全国公众都知道"世界读书日"。

莎士比亚曾经说过："生活里没有书籍，就好像没有阳光，智慧里没有书籍，就好像鸟儿没有翅膀。"书籍记载着人类成长的历程，把人类文明代代相传，绵延至今。书是航船，带我们从狭隘的地方驶向广阔的海洋；书如指针，是屹立在时间的汪洋大海中的灯塔。让读书成为一种习惯，以书为友，养性修身，使生命有诗书之魂。读书能温暖人心、提振信心、寄托希望，读书使人掌握知识、增强本领、勇于创新。读书决定一个人的修养和境界，关系一个民族的素质和力量，影响一个国家的前途和命运。大学时期是人生最重要的学习阶段，是专业知识体系、人生观和价值观形成的关键时期，同学们应通过大量的阅读和自主学习，完善自我，培养坚定的信念、独立的人格和理性的态度，建立远大的志向并为之奋斗。

2013 年，我校成功举办了世界读书日系列活动，得到师生们的广泛关注和参与，极大地激发了同学们的读书热情。"布衣暖，菜根香，读书滋味长。"希望在今年的读书日系列活动中，师生读者们能更加深入地投入读书活动中，让迷人的浓浓书香飘溢在我们的校园，让终身学习、毕生阅读成为一种习惯和风尚，成为昆明冶专的风景与文化！

再次祝愿"2014 年世界读书日系列活动"取得圆满成功！

2. 报道

我校启动以"传递书香情　构筑中国梦"
为主题的世界读书日系列活动

"4·23"是联合国教科文组织确定的世界读书日，在世界读书日来临之际，学校图书馆联合学生处、校团委举办以"传递书香情　构筑中国梦"为主题的世界读书日系列活动。4 月 17 日晚上 7 点，活动在安宁校区正式拉开帷幕。副校长赵文亮出席开幕式并致辞。昆明理工大学档案馆原馆长张仲华、校图书馆馆长杨云、原学生处副处长卢进，以及师生代表等参加开幕式。开幕式由杨云主持。

赵文亮代表学校对世界读书日系列活动的举办表示祝贺！他给师生们介

绍了世界读书日的由来及世界各地举办的读书日活动。赵文亮与同学们分享了自己关于读书的见闻及阅读经验，倡议同学们以书为友，养性修身，嘱咐同学们在大学这一人生重要的学习阶段通过大量的阅读和自主学习完善自我，培养坚定的信念、独立的人格和理性的态度，建立远大的志向并为之奋斗。希望在 2013 年世界读书日活动的基础上，总结经验、弥补不足，将今年的活动办得更好、更丰富，让终身学习、毕生阅读成为一种习惯和风尚，成为昆明冶专的风景与文化！

图书馆馆长杨云介绍了系列活动的筹备情况和活动内容，并为接下来的专家讲座致辞。

开幕式结束后，师生们参加了读书日系列活动——专家讲座暨《学海讲堂》第 43 讲，邀请原昆明理工大学张仲华教授作题为"文而化之——关于传统文化的几个问题"的专题讲座。张仲华教授给师生们全面地介绍了传统文化的内涵和形成过程，通过大量历史资料和实例，深入分析了文化特别是传统文化对于国家、民族的重要意义和作用，指出文化是一个民族和其他民族相区别的重要标志，是凝聚和整合民族和国家一切资源的根本力量，维护和捍卫文化传统，进而实现社会发展是为了获得更多、更可靠的安全保障。

图 3-1 昆明冶金高等专科学校副校长赵文亮致辞

图 3-2　张仲华馆长作专题讲座

本届读书日系列活动为期 36 天，共举办 10 项活动：系列讲座活动、"经典阅读"有奖征文活动、"读好书，评好书"精彩书评征选活动、"最美的读书瞬间"校园随拍摄影征选活动、系列文化沙龙活动、"你的眼光，我的选择"荐好书活动、图书馆"优秀读者"评选活动、图书馆勤工助学岗"服务之星"评选活动、读者座谈交流会、颁奖仪式。

（二）系列讲座活动

1. 讲座一：文而化之——关于传统文化的几个问题

围绕"传递书香情，构筑中国梦"主题，特邀专家张仲华来我校开展"文而化之——关于传统文化的几个问题"讲座。

主　　题：文而化之——关于传统文化的几个问题

主讲人：张仲华

时　　间：2014 年 4 月 17 日 19：00

地　　点：安宁校区第六阶梯教室

内　　容：一是全球化背景下的传统文化。

　　　　　二是以何种态度对待传统文化。

三是传统文化：文而化之　立国之本。

主　办： 学生工作部（学生处）图书馆

承　办： 物流学院

专家简介： 张仲华，男，历任云南工学院、云南工业大学社科部主任、总支书记、人文学院院长、昆明理工大学法学院院长、图书馆馆长、档案馆馆长，云南省哲学学会原副会长，马克思主义哲学专业研究生导师。长期从事理论教学和研究工作，发表学术论文 80 余篇，出版著作、教材 10 余部。多项成果分获省政府哲学社会科学著作类优秀成果奖。

2. 讲座二：打开网上图书馆的大门——学校图书馆电子资源导航

（1）活动发布

围绕"传递书香情，构筑中国梦"主题，邀请李永宁老师开展"打开网上图书馆的大门——学校图书馆电子资源导航"讲座。

主　题： 打开网上图书馆的大门——学校图书馆电子资源导航

主讲人： 李永宁

时　间： 2014 年 5 月 8 日 19：00

地　点： 莲华校区 2 号教学楼 303 报告厅

主　办： 学生工作部（学生处）图书馆

承　办： 商学院

内　容： 网上图书馆、数字图书馆是未来图书馆的主流趋势。据统计，我馆电子资源访问量已经连续多年超过传统纸质书刊。我校图书馆现拥有 20 个电子资源数据库，类型有学术期刊、电子图书、博硕士论文、视频报告、考试题库等，本次讲座将精选一些主要的电子资源数据库进行介绍。

简　介： 李永宁，男，昆明冶金高等专科学校图书馆系统管理员，硕士，主要从事图书馆网络化、自动化和数字化研究，在国内省级刊物上公开发表学术论文 6 篇，参编文献信息资源检索方面的教材 2 部，主持科研课题 2 项，获奖科研课题 1 项。

（2）报道

2014 年世界读书日系列活动之专家讲座二：

打开网上图书馆的大门——学校图书馆电子资源导航

5 月 8 日晚，图书馆和学生处（学生工作部）联合主办、商学院承办的"2014 年世界读书日系列活动之专家讲座二暨学海讲堂第 44 讲：打开网上图书馆的大门——学校图书馆电子资源导航"在莲华校区举办。本次讲座邀请了学校图书馆李永宁老师担任主讲嘉宾，由图书馆副馆长袁立坚主持。

李永宁老师通过实际数据和实例给师生们介绍了网上图书馆是未来图书馆的发展趋势，以学校图书馆电子资源为基础，讲解如何使用网上图书馆查找学术资料，并针对不同专业的同学，设计相应案例进行操作演示。通过本次讲座，增进了同学们对网上图书馆的了解，提高了同学们使用图书馆电子资源的能力和积极性。

图 3-3　李永宁作专题讲座

3. 讲座三：整合资源　助力创新——数据知识服务平台资源介绍及检索使用

（1）活动发布

2014 年世界读书日系列活动已接近尾声，在活动即将结束之际，特邀专家杨维到我校开展"整合资源　助力创新——数据知识服务平台资源介绍及检索使用"讲座。

主　题：整合资源　助力创新——数据知识服务平台资源介绍及检索使用

主讲人：杨维

时　间：2014年5月22日19：00

地　点：安宁校区主教学楼第六阶梯教室

主　办：学生工作部（学生处）图书馆

承　办：测绘学院

内　容：一是万方数据库资源介绍。

　　　　二是万方数据库检索使用方法。

　　　　三是交流互动。

专家简介：杨维，男，2005年进入北京万方数据股份有限公司，一直从事万方数据库的销售及市场拓展工作，对数据库本身及行业现状有较深的了解，时任广西、云南区域经理，负责万方数据在两省的市场销售工作。

（2）报道

5月22日晚上7点，由校学生处和图书馆联合主办、测绘学院承办的2014年世界读书日系列活动之专家讲座暨《学海讲堂》第47讲：《整合资源　助力创新——数据知识服务平台资源介绍及检索使用》在安宁校区主教学楼第六阶梯教室举办。本次讲座邀请了北京万方数据股份有限公司的广西、云南区域经理杨维担任主讲嘉宾，由图书馆副馆长袁立坚主持。

杨维以"如何利用数据知识服务平台助力知识学习和创新"为主题，介绍了目前国内外使用最广泛的数据库资源概况，以万方数据库为例，为同学们讲解数据库基本的检索使用方法以及万方数据库的特色资源和服务。在最后的交流互动环节中，同学们踊跃提问发言，杨维一一解答了同学们的疑问，并向参与的同学赠送了纪念品。

图3-4 杨维作专题讲座

（三）"经典阅读"有奖征文活动

1. 活动发布

"阅读大师经典，汲取精神能量"，为激发师生读书热情，分享读后感悟，现向全校师生读者开展"经典阅读"有奖征文活动。

（1）**征文对象**：全校师生读者。

（2）**主办单位**：图书馆、校团委。

（3）**征文要求和提交方式**：

①紧扣"传递书香情，构筑中国梦"主题，题目自拟，体裁不限，内容积极向上、观点鲜明、结合实际、语言流畅、生动感人，不得抄袭。

②文档标题三号黑体居中，正文宋体、小四号字，行距1.5倍，A4页面，字数以800~2000字为宜。

③注明作者姓名、学院、班级、联系电话、邮箱。

（4）**截稿日期**：即日起至2014年5月12日。

（5）**征文评奖**：学生读者评选一等奖3名、二等奖6名、三等奖10名和鼓励奖若干名，颁发相应的证书和奖品；教师读者评选一、二、三等奖若干名，颁发相应的证书和奖品。

诚邀全校师生读者参与！

2. 获奖作品

学生获奖作品：

一等奖，作者：建材学院　无机材料1316班　张力中

最是书香能致远

有一种气质和读书连在一起，这就是人们常说的书香气。

有一种修养和读书连在一起，这就是人们常说的书卷气。

有一种梦，弥漫着浓郁的书香，这就是中国梦。

知识可以改变命运，书籍就是获取知识、改变命运的重要工具。多读书可以修身养性，知书识礼让人羡慕。阅读应该是全民修身行动不可或缺的项目。这样可以使人们的生活更加丰富多彩，让人们的"中国梦"更加美丽和现实。

宋代著名诗人韩驹曾写道："欲乐诳凡夫，须史皆变坏。惟书有真乐，意味久犹在。"书中之乐，很多时候是无法言说的，唯读者自知。怎样看待书籍，不仅可以看出一个人的兴趣、爱好，而且可以反映出一个人的品格和修养。我希望，自己能够读书不辍，笔耕不辍。

法国作家罗曼·罗兰说："和书籍生活在一起，永远不会叹息。"

我真正的读书是从高中开始的，从那个时候开始抱着很多人生的疑问去里面寻找答案。由此去怀疑自己在之前的教育生活中读书的价值，可能是潜移默化，但博闻强识之后不免浪费了很多时间，特别是学了很多与人生启蒙及生活技能无关的知识。

说起书香与我的故事让我想起一件小事。我12岁的时候，父亲问我："大家都说'书香'，你讲讲看为什么说书是香的？"我想当然地脱口而出："新纸好闻，新墨也香！"父亲摇摇头，拉我到一边，认真地说："孩子，书香是一个雅词。古人为防止珍贵的书籍被蠹虫蛀咬，便习惯在书卷中

放置一种多年生草本植物——芸香草，这样在驱虫的同时，开卷亦有幽香散逸，故后世称'书香'。"长大了些，一日我翻阅沈括的《梦溪笔谈》，见其间描写芸香草曰："古人藏书辟蠹用芸。芸，香草也，今人谓之七里香者是也。叶类豌豆，作小丛生，其叶极芬香，秋间叶间微白如粉污。辟蠹殊验，南人采置席下，能去蚤虱。"继而回忆起父亲那日关于"书香"的解释，联系到形容书籍的诸如"芸编""芸轶""芸台""芸窗"等词，深有感触。

"积财千万，无过读书"是中国传统家庭千百年来恪守的信条，"修身、齐家、治国、平天下"是中国读书人追求的人生理想。凿壁借光、囊萤映雪、悬梁刺股、牛角挂书等，更是历代传颂的苦读勤学的佳话。正是这种读书传统才使中华文明传承至今并成为世界文明中未曾间断且完整传承的文明。阎崇年先生更引"先天下之忧而忧""为天地立心，为生民立命，为往圣继绝学，为万世开太平"等勉励我们要重视读书、重视践行，从阅读中获得智慧，从历史中获取力量。

一个人不阅读就会缺乏智慧和判断力，如果一个民族不阅读，它的文化必定会丧失创造力和批判性，那么自主创新将会成为一句空话。所以，下大力气推动全民阅读已经是迫在眉睫。开展全民阅读活动的目的是更好地贯彻落实党的十八大精神，在全社会倡导多读书、读好书的文明风尚，进一步促进全民族素质的提高，培养全体公民崇尚阅读、自觉阅读、爱读书、读好书的良好习惯，使全民阅读长效机制常态化、制度化。"读万卷书、行万里路、交四方友"，对有着悠久诗书传统的当代中国来说，更是十分重要。阅读是一个国家非常重要的活动，只有重视阅读，我们国家才能有比较好的民族素质的提升，有比较好的民族精神境界。

你是否体会到读书是一种众所周知的美好。读书是人生进步、成长的主要方式，也是自己的美好生活。国民素质从全民阅读开始。"无论你是年老还是年轻，无论你是贫穷还是富裕，无论你是患病还是健康，都能享受阅读的乐趣。"坚持"每天阅读一小时"等观点告诉我们，如今繁忙的工作以及浮躁的外部环境，除了导致阅读时间、数量减少以外，传统阅读也逐渐被碎片化、视频化的浅阅读替代，但事实上，往往深度阅读才能够给人带来更多的思考和收获。在今后的工作学习中，要转变阅读观念，提升阅读的效率和质量，推动传统阅读与数字阅读融合，把读好书作为日常生活不可或缺的一部分，感受读书的快乐。从中学习，构筑个人的梦、国家的梦。

传递书香情，构筑中国梦。中国梦是什么，那就是国家富强的梦、民族复兴的梦，不管是学生、工人还是农民，我们都是这个民族的一员，我们都有这样的中国梦。今天所提倡的是全民阅读，不仅是职业性阅读、中小学生读书、大学生读书、研究生博士生读书，我们现在更希望全民阅读，让全体人民热爱起读书，以读书为乐、以读书为荣。

"腹有诗书气自华"，学习是文明传承之途、人生成长之梯、政党巩固之基、国家兴盛之要，所以要爱读书、读好书、善读书，丰富我的内涵，弥补我的不足；以更好的状态，面对生活，对待学习，对待工作；加快建设"书香中国"，共筑"中国梦"。

教师获奖作品：

作者：化工学院　周晓东

读《科学巨人——西方科学发展史话》

在人类的历史长河中，有一种东西摆脱了国家的兴起与灭亡、王朝的统治与崩溃、宗教的建立与兴衰，像一条连绵不断的金线贯穿着世界历史，那就是科学，虽然各个国家、各个区域、各个时期的发展速度极不平衡，但是它的发展都一直坚定不移地向前推进着。

人们要了解科学，就需要理解创造科学的人的生活，同时也就理解了人的本身，并在这一过程中能触及："对于从远古直到爱因斯坦这一条真理探索所走过的窄狭而不规则的路线进行追踪，就可以发现并明了人的本性的最细微最动人的部分。"（著者序）

享有盛名的美国科普作家格鲁弗·威尔逊以他的渊博知识、开阔视野作根基，利用人物传记的叙事方式，用一支生花妙笔，将深奥的自然科学融化在娓娓动听的笔墨纸砚里，使得所著《科学巨人——西方科学发展史话》故事性强，读起来丝毫无枯燥乏味之感，从而使该著成为现今校园内最为流行畅销的科普读物。在书中我们能了解很多著名科学家的生活及他们对科学的贡献。正是这些贡献改变了我们的生活，改变了社会的发展。若你是一个好奇的人，你会在书的开始就会产生很多的不可思议，如被称为"科学之父"的泰利斯，在 2600 年前，没有任何帮助，就能计算出一年有 365 天，以及下一个日全食的准确日子，太不可思议了。书中对这些伟人的回顾，使你能了解追求科学精神的含义，若你能同时洞察科学家们的思维方式，那就读到深处了。

中国近代所经历的文化浩劫，使得权钱肆虐，人们对精神和物质的追求都偏离了人类本应具有的价值观念，人的基本素质与教养差得让国人都深感羞愧，本应在校园内流行、深受青年人喜爱的一批书籍，在国内一些高校中已很少能见到学生在读了。《科学巨人——西方科学发展史话》正是这样一本应回归正确位置的书籍，它值得我们的推荐，没有奢望多读这样一本书，就能使人的素质和追求有多大的改变，从而能改变人的价值观念，但当岁月流逝，我们渐渐老去时，有一点肯定深藏于我们的内心，那就是为国人素质的提高，我们曾希望过。

（四）"你的眼光，我的选择"荐好书活动

2014 年世界读书日系列活动之
"你的眼光，我的选择"荐好书活动邀请函

亲爱的读者：

每年 4 月 23 日为"世界读书日"。为使广大读者阅读到更多优质的书籍，学校图书馆将于 4 月 17—30 日举办世界读书日系列活动之"你的眼光，我的选择"荐好书活动。

诚挚邀请全校师生读者届时参与推荐和指导！

1. 内容

(1)邀请各学院(处)专家、教授参与"教授开书单,荐好书"活动。

(2)邀请全校师生读者参与自由荐书。

2. 荐书方式

(1)登录图书馆主页"读者服务"好书推荐页面,提供荐选书目。

(2)填写"推荐书籍清单表"(附件1)发至图书馆办公平台。

(3)在昆明新知图书城书目(附件2)中选择推荐,并将信息反馈至图书馆办公平台。

3. 荐书反馈

图书馆将对您所荐的书籍,及时查询馆藏、补订、加工,采用网络推广等方式及时向广大读者推荐、上架。

(五)图书馆"优秀读者"评选活动

1. 活动发布

为了充分利用图书馆文献资源,激发学生的读书热情,正确引导学生的阅读方向,培养大学生"多读书、读好书"的良好品格,营造学校良好的读书风气,面向全校学生读者开展2013—2014学年"优秀读者"评选活动。

(1)**评选条件:**

①**书刊借阅量大:**主要参考读者借阅图书馆书籍的统计情况。

②**诚信无违纪:**统计期间的借阅活动无违纪、违规及其他不良记录情况。

③**参与图书馆活动:**向图书馆提出合理化建议,参加图书馆管理服务,能熟练利用图书馆文献信息资源,读一本好书、写一篇心得,参与图书馆志愿者工作和其他读者活动。

(2)**评选时间:**即日起至2014年5月10日。

(3)**奖项设置:**"优秀读者"20名,颁发荣誉证书和奖品。

2. 评选结果

2014 年世界读书日系列活动期间，图书馆开展了 2013—2014 年度"优秀读者"评选活动。

参照读者年图书借阅量、年进馆次数等数据，图书馆评选"优秀读者"20 名。

（六）图书馆勤工助学岗"服务之星"评选活动

1. 活动发布

图书馆是学生读书学习的园地，也是其实现自我管理、自我服务的实习基地。勤工助学的学生们在图书馆的日常服务工作中默默奉献，为了激发更多的学生参与，提高服务质量，图书馆将在参与图书馆管理与服务的勤工助学岗学生中评选"服务之星"，并给予表彰奖励。

（1）**评选对象**：图书馆勤工助学岗学生。

（2）**评选条件**：遵守工作纪律，认真履行勤工助学岗位职责，按时到岗并完成工作任务，服务态度好，能对图书馆的服务提出合理意见和建议。

（3）**评选时间**：即日起至 2014 年 5 月 10 日。

（4）**奖项设置**：评选"服务之星"10 名，颁发证书和奖品。

2. 评选结果

通过对勤工助学岗人员的岗位履职情况、工作量、服务态度等方面的综合评定，评选勤工助学岗"服务之星"10 名。

（七）读者座谈交流会

1. 活动发布

为了提高图书馆服务质量，广泛听取读者的意见和建议，拉近读者与图书馆、读者与读者之间的距离，2014 年世界读书日系列活动结束之际，图书馆将组织读者就"传递书香情　构筑中国梦"主题进行座谈交流。

（1）**参与对象**：征文获奖者、"读好书，评好书"获奖者、"最美的读书瞬间"获奖者、"优秀读者"、图书馆"服务之星"，以及其他热心读者。

（2）**时间**：2014 年 5 月 22 日 14：00

（3）**地点**：安宁校区图书馆。

（4）**内容**：读者代表们就系列活动主题畅谈交流，对图书馆服务和发展建设等提出宝贵意见和建议。

2. 报道

5 月 22 日下午 2 点，2014 年世界读书日系列活动之读者座谈交流会在安宁校区图书馆举行。座谈会邀请了本次系列活动中的"经典阅读"有奖征文、"读好书，评好书"精彩书评、"最美的读书瞬间"校园随拍摄影 3 项活动的获奖者，图书馆"优秀读者"、勤工助学岗"服务之星"，以及其他热心读者等近百人参与座谈。师生们以"传递书香情 构筑中国梦"为主题热烈讨论交流。优秀读者交流读书心得，"服务之星"畅谈服务理念，征文活动、"读好书，评好书"活动及摄影活动获奖者分享和展示了获奖作品，读者们对图书馆的服务和发展建设等建言献策。图书馆领导和相关工作人员对图书馆现状做了详尽介绍，悉心听取读者们的意见和建议，并一一做出解答和承诺。今后，图书馆将加大资源建设力度，不断强化服务管理，加强队伍建设，为学校的科研和教学提供有力保障。

（八）闭幕式

1. 闭幕式致辞

（1）**致辞人**：昆明冶金高等专科学校副校长 赵文亮

（2）**闭幕词**

亲爱的同学们、各位老师：

晚上好！

"传递书香情 构筑中国梦"，昆明冶金高等专科学校"2014 年世界读书日系列活动"圆满结束了！我代表学校对世界读书日系列活动的成功举办表示祝贺！对北京万方数据股份有限公司广西、云南区域经理杨维的到来表示欢迎和感谢！对组织本次活动的校团委、学生处、图书馆，以及积极响应活动的老师同学们表示诚挚的感谢！

阅读是文明传承之基，人生成长之梯。国务院总理李克强在2014年世界读书日前夕致信北京三联韬奋书店时讲道："阅读能使人常思常新。好读书，读好书，既可提升个人能力、眼界及综合素质，也会潜移默化影响一个人的文明素养，使人保持宁静致远的心境，砥砺奋发有为的情怀。"读书贵在坚持。无志者常立志，有志者立长志。读书应持之以恒。读书需要选择。人有好有坏，书也有好有坏。好书如补品，补品滋养身体，使人延年益寿，好书滋养思想，使人修身养性，终身获益。"读一本好书，就是和许多高尚的人谈话。"读书要学以致用。读书的目的是使用，而且使用是更重要的学习，要"活读书，读活书，读书活"。合理的读书应是边读书、边思考，将自己融入周围的世界，不人云亦云，处处有自己的真知灼见。作为大学生，不能只读教科书，教科书不是你们唯一的世界，世界才是你们的教科书。大学生应养成自由阅读的习惯，广泛涉猎，博览群书，以扩大自己的知识面，并培养批判性思想，让享受阅读成为日常生活的一部分，为即将展开的更加绚丽的人生打下坚实的基础，为"中国梦"的梦想成真积聚力量。

2014年的世界读书日系列活动即将结束，本届活动汲取了2013年首届读书日活动的经验，活动内容更丰富，读者参与面更广泛，带动了同学们更高的读书热情。希望同学们珍惜在校学习的大好时光，充分利用学校丰富的阅读资源，推动自身养成良好的读书习惯。同学们，让我们一起读书，一直读下去，使自己的生命之花常开，使自己的生命之树常绿！

最后，我代表学校再次祝贺2014年世界读书日系列活动圆满成功！

2. 报道

昆明冶金高等专科学校"2014 年世界读书日系列活动"圆满落幕

2014 年 5 月 22 日晚，昆明冶金高等专科学校 2014 年世界读书日系列活动闭幕仪式在安宁校区主教学楼第六阶梯教室隆重举行。副校长赵文亮出席闭幕仪式并致辞。学校图书馆馆长杨云、学生处原副处长赵亚芳、校团委原副书记张丽娜以及师生代表等参加闭幕仪式。仪式由图书馆副馆长袁立坚主持。

图书馆馆长杨云对本届世界读书日系列活动进行了总结，本届读书日系列活动由校团委、学生处和图书馆联合主办，为期 36 天，共 10 项活动。活动期间共举办 3 场专家讲座，分别邀请了昆明理工大学档案馆原馆长张仲华教授、学校图书馆李永宁老师、北京万方数据股份有限公司广西、云南区域原经理杨维作专题讲座，受到广大师生的欢迎。"经典阅读"有奖征文活动，师生读者们踊跃投稿，共收到征文 205 篇，其中学生作品 37 篇获奖，13 名教师获教师最佳"经典阅读"征文奖。千余读者参与"读好书，评好书"精彩书评活动，评选出人气奖 1 名，一、二、三等奖共 30 名，教师最佳"读好书，评好书"书评奖 3 名。"最美的读书瞬间"校园随拍摄影活动收到作品 74 幅，其中学生作品 12 幅获奖，教师作品 3 幅获奖。系列文化沙龙活动共举办了三场，包括真人图书馆小型沙龙、"图书馆，我想对你说"读者建言沙龙和"服务之星""优秀读者"经验分享沙龙。"你的眼光，我的选择"荐书活动收到了来自学校各部门各学院老师和学生所推荐的好书书目 271 条，图书馆整理了全部推荐书目，并通过学校网络平台向全校师生读者进行推荐，使更多的读者通过此次活动，阅读到更多经典、优秀的图书。"优秀读者"评选活动参照 2013—2014 年度读者年图书借阅量、年进馆次数等数据，评选产生 20 名"优秀读者"，其中年图书借阅量最高的读者借阅图书 88 册、进馆次数为 259 次。图书馆共有勤工助学岗位 36 个，他们认真履行工作职责，为图书馆的工作做出了积极贡献，本次活动评选了 10 名图书馆勤工助学岗"服务之星"，以资鼓励。活动结束之际，图书馆组织了读者座谈交流会，代表们就本次活动主题"传递书香情　构筑中国梦"畅谈交流，对图书馆服务和发展建设等提出了宝贵意见和建议。

图 3-5　昆明理工大学档案馆原馆长张仲华教授作专题讲座

图 3-6　昆明冶金高等专科学校副校长赵文亮致闭幕词

赵文亮副校长代表学校对 2014 年世界读书日系列活动的成功举办表示祝贺。他叮嘱同学们"读书贵在坚持，读书需要选择，读书要学以致用"，希望同学们珍惜在校学习的大好时光，充分利用学校丰富的阅读资源，养成自由阅读的习惯，广泛涉猎，博览群书，扩大知识面，开阔眼界。赵文亮还指出，学生处、校团委、图书馆等部门应多组织校园文化活动，为学生们提供更多、更广阔的平台，为校园文化建设添砖加瓦。

2014 年世界读书日系列活动暂告一段落，学校读书活动将以此迎来新的开始。希望我们的校园成为一个书香充盈的校园。

图 3-7 图书馆馆长杨云作活动总结

图 3-8 昆明冶金高等专科学校副校长赵文亮（中）为获奖者颁奖

三、特色活动实践

（一）"最美的读书瞬间"——校园随拍摄影征选活动

1. 活动发布

拍摄最美读书瞬间，记录精彩校园生活，现面向全校师生读者征集摄影作品。拿起你的数码相机或手机，让我们一起拍下藏在校园各处的读书瞬间吧！不在乎技术怎样，只在乎我们每个人都有一双发现美的眼睛！

（1）**参与对象**：全校师生读者

（2）**主办单位**：图书馆、校团委

（3）**内容**：通过摄影镜头捕捉反映校园阅读文化的人、物、事，可以是长椅边、树林中、草坪上、教室中醉心于阅读的身影，可以是你心中最美的读者，可以是散发着浓浓墨香的书册，可以是常被人忽略的图书馆的某个角落，可以是辛勤工作的图书馆员。

（4）**活动要求**：

①参赛作品为个人作品，要突出主题，体现教育意义，作品表现风格不限。

②参赛作品单幅、组照均可（一组最多3张），黑白、彩色不限，每张照片配上50~100字的文字描述。数码作品必须是JPEG格式，作者必须保存原稿。

③不得抄袭和盗用他人作品。

④学生作品（JPEG格式）以邮件发送到kmyzxtw@163.com，邮件主题注明作品标题、姓名、学院、联系电话；也可将照片实物交至安宁校区创新楼三楼校团委宣传部办公室，照片后注明作品标题、姓名、学院、联系电话。

⑤教师作品以邮件发送到kmyzlib@126.com，邮件主题注明作品标题、

姓名、学院、联系电话；也可将照片实物交至安宁校区图书馆服务台，照片后面注明作品标题、姓名、学院、联系电话。

（5）**截稿日期**：即日起至 5 月 12 日。

（6）**评奖**：学生作品评选一等奖 1 名，二等奖 2 名，优胜奖 3 名，颁发证书和奖品；教师作品评选一、二、三等奖若干名，颁发证书和奖品。

2. 获奖作品：一等奖

（1）姓名：陈龙 班级：环艺 1214 班

图 3-9 摄影征选活动一等奖作品一

（2）姓名：朱文跃　班级：矿物 1216 班

作品二：《渴望》

图 3-10　摄影征选活动一等奖作品二

描述：

有人问："世上什么最重要？"有人说："健康。"又有人说："金钱。"还有人说："爱情。"……那么什么是最重要的呢？

拥有知识、创造财富、帮助别人，把无限的知识创造为无穷的希望。渴望拥有知识。

（二）系列文化沙龙活动

1. 真人图书馆小型沙龙

真人图书馆（Living Library）是一个虚拟的概念，它分享一个理念"我们每个人的经历本身就是一本书"，通过把有特别人生经历、特别故事或者特别技艺的人邀请到一起，以一种面对面沟通的形式来完成"图书"的阅读。

2005 年，真人图书馆这一概念在欧洲流行开来，当年丹麦、匈牙利、芬兰、冰岛、葡萄牙等欧洲国家举办了 10 多次真人图书馆活动。同年，图书馆行业也开始涉及此项活动。之后，真人图书馆渐渐传播到美国、加拿大、日本、巴西、墨西哥、泰国。近几年，中国的"真人图书馆"受到读者欢迎。2009 年，上海交通大学首个在国内试验的"真人图书馆"并备受关注，成都、南京、大连也纷纷推广。

（1）**参与对象**：全校读者。

（2）**真人书**：邀请邱天老师分享他在旅行过程中帮助穷困学生完成学业的故事。

（3）**时间**：2014 年 4 月 30 日 14：00。

（4）**地点**：安宁校区图书馆三楼会议室。

2. "图书馆，我想对你说" 读者建言沙龙

为了深入了解读者需求、拉近图书馆与读者的距离、提升图书馆的服务水平和质量，图书馆将开展"图书馆，我想对你说"的读者代表面对面交流活动，征集读者对图书馆的感受、意见和建议。

（1）**参与对象**：各学院学生代表和图书馆工作人员。

（2）**时间**：2014 年 5 月 13 日 14：00。

（3）**地点**：安宁校区图书馆。

（4）**内容**：读者代表们对图书馆的服务方式、服务质量、环境设施等各个方面畅谈感受、意见、建议等。

3. "服务之星""优秀读者" 经验分享沙龙

"天堂应该是图书馆的模样"，图书馆是知识的殿堂，是读者的精神家园。为读者服务，爱读书、读好书，这是图书馆倡导的服务理念和风尚。在世界读书日系列活动期间，图书馆邀请当选的"服务之星"和"优秀读者"齐聚一堂，就各自的服务和读书体验进行交流分享，同时对图书馆的服务方式、服务质量、环境营造建言献策。

（1）**参与对象**：当选的"服务之星""优秀读者"。

（2）**时间**：2014 年 5 月 20 日 14：00。

（3）**地点**：安宁校区图书馆。

4. 报道

图书馆举办"2014 年世界读书日系列
活动之图书馆系列文化沙龙活动"

2014 年世界读书日系列活动期间，图书馆、校团委联合举办了 3 场系列文化沙龙活动，包括真人图书馆小型沙龙、"图书馆，我想对你说"读者建言沙龙和"服务之星""优秀读者"经验分享沙龙。

真人图书馆（Living Library）是一个虚拟的概念，它分享一个理念"我们每个人的经历本身就是一本书"，通过把有特别人生经历、特别故事或者特别技艺的人邀请到一起，以一种面对面沟通的形式来完成"图书"的阅读。

2005 年，真人图书馆这一概念在欧洲流行开来，随后真人图书馆渐渐传播到美国、加拿大、日本、巴西、墨西哥、泰国。近几年，中国的"真人图书馆"受到读者欢迎。

4 月 28 日，50 多位师生齐聚一堂，分享邱天老师在徒步旅行过程中帮助贫困学生完成学业的故事。邱天虽然低调地回避了助学的经历，但通过大量照片跟同学们分享了他在徒步旅行过程中的心路历程，讲述了旅程中的艰辛和思考。同学们就自己的兴趣点与邱天互动交流。整个沙龙氛围自由，同学们受到了"真人书"的很大启发。

5 月 12 日下午，"图书馆，我想对你说"读者建言沙龙在安宁校区图书馆举行，图书馆副馆长袁立坚、段云鹏、于恬，图书馆相关工作人员及各学院学生代表共 40 余人参加了沙龙活动。在活动中，学生代表们畅所欲言，对图书馆提出了 21 条意见和建议：进一步改善服务态度，推迟闭馆时间，开放更多楼层放置更多图书，提高网速、增加绿色植物、增加垃圾箱等。内容涉及图书馆的服务态度、资源建设、环境设施、开放时间、个性化、舒适化服务等方面。图书馆工作人员就提出的问题、意见进行了现场解答，并做出承诺，将悉心听取沙龙上提出的建设性意见，一一解决提出的问题，进一步提升图书馆的服务。

"服务之星""优秀读者"经验分享沙龙，邀请了 11 位当选的"服务之星"和"优秀读者"齐聚图书馆进行交流分享。"服务之星"就各自工作中碰到的问题和困难进行了交流，提出应加强对读者特别是大一新读者的引导，加强书刊的标识，更换代书牌位置，设置贵重物品等的存储柜，同时也分享了好的工作方法、经验；"优秀读者"分享了自己的读书心得和经验，互相交流了读书过程中的疑问和思考。他们也对图书馆提出了建议，如设立讨论室一类的独立空间供同学们进行小组学习讨论，对好书、好刊和新书进行推荐等。通过面对面的交流分享，增进了图书馆与读者、读者互相之间的了解，同时也有效促进了勤工助学岗工作的推进。

（三）"读好书，评好书"——精彩书评征选活动

一本好书就是一个好的世界，而好的书评则是一双慧眼，带我们领略这个世界中的精彩。当你读到一本好书的时候，你会怎样评价它？又会怎样向他人介绍并推荐它呢？为进一步提升学校文化氛围、建设书香校园，现面向全校读者征集原创书评，让我们一起在茫茫书海中寻找最爱，品味那些耐人寻味的经典吧！

（1）**参与对象**：全校师生读者。

（2）**主办单位**：图书馆、校团委。

（3）要求书评内容健康、积极向上，具有启发、教育意义，在一定程度上能推动校园良好校风、学风的形成。所有微博应为本人独立原创作品，杜绝抄袭。

（4）**参与方式及要求**：围绕 2014 年世界读书日系列活动主题"传递书香情 构筑中国梦"，编辑以"读好书评好书"【话题标题】为开头，对单本图书进行评论，要求语言简洁、文字干练而不失优美；字数 50~140 字，或者配有文字说明图片，发表在腾讯个人微博上。学生读者请同时@校团委微博、学院团委微博；教师读者请@kmyzlib 微博。

（5）**截稿日期**：即日起至 2014 年 5 月 12 日。

（6）**活动评奖**：学生读者评选一等奖 5 名、二等奖 10 名、三等奖 15 名，并按所发布微博的转发及评论量评选出 1 名"人气书评"奖，颁发证书和奖品；教师读者评选一、二、三等奖若干名，颁发证书和奖品。

第四章 "倡导全民阅读，建设书香社会" 2015 年世界读书日系列活动

一、活动方案

2015 年全国"两会"上，国务院总理李克强首次在政府工作报告中提出："倡导全民阅读，建设书香社会。"表明政府已经越来越重视阅读对提升民族素质和国家软实力所起的作用。4 月 23 日是联合国教科文组织确定的世界读书日，它设立的目的就在于"希望散居在全球各地的人们，无论你是年老还是年轻，无论你是贫穷还是富有，无论你是患病还是健康，都能享受阅读的乐趣，都能尊重和感谢为人类文明做出巨大贡献的文学、文化、科学思想大师们"。为迎接 2015 年世界读书日的到来，响应政府对建设"书香社会"的号召，营造浓厚的校园阅读氛围，图书馆、校团委、学生处将继续举办昆明冶金高等专科学校"倡导全民阅读，建设书香社会"2015 年世界读书日主题系列活动。现安排如下：

活动主题：倡导全民阅读，建设书香社会

宣传口号：走进图书馆，使用图书馆

活动对象：全校师生读者

活动时间：2015 年 4 月 16 日至 5 月 20 日

活动内容：

（一）系列讲座活动

围绕"倡导全民阅读，建设书香社会"主题，邀请知名专家、学者到校做主题讲座和培训，培养读者阅读兴趣，提高阅读能力。

1. 专家报告

主题：中西音乐审美差异性的文化解读

主讲：申波（云南艺术学院图书馆原馆长，教授，硕士生导师）

时间：2015 年 4 月 16 日 19：00

地点：安宁校区主教学楼阶梯教室

2. 资源导航

主题：数字图书馆在你身边——图书馆电子资源使用指南

主讲：李永宁

时间：2015 年 5 月 13 日 19：00

地点：安宁校区主教学楼阶梯教室

3. 专家讲座

主题：移动图书馆的使用

主讲：瞿秋燕

时间：2015 年 5 月 20 日 19：00

地点：安宁校区主教学楼阶梯教室

（二）移动阅读推广活动

在智能手机已经深入改变和影响着每一个人的今天，在手机上阅读已经逐渐开始成为人们新的阅读方式，无论是在地铁上、公交上，还是在任何可以利用的碎片时间上，手机阅读极大弥补了现代人因忙碌而渐渐疏远了的书籍。为适应这一趋势，图书馆推出了歌德电子借阅机，每月实时更新 2000 本畅销图书免费提供全文下载，读者在手机或平板电脑上安装超星"移动图书馆"客户端，即可下载观看这些电子图书。

1. **主办单位**：图书馆。

2. **活动时间**：2015 年 4 月 16 日至 5 月 20 日。

3. **活动内容**：从歌德电子借阅机上精选 20 本图书，印制书籍封面、内容简介及二维码，连同超星"移动图书馆"客户端下载的二维码，张贴在学生食堂、宿舍等区域，读者可通过"移动图书馆"客户端扫描下载图书。

(三)"好书我推荐"荐好书活动

为了使广大读者阅读到更多优质的书籍，学校图书馆将于 2015 年 4 月 16—30 日举办世界读书日系列活动之"好书我推荐"荐好书活动。

诚挚邀请全校师生读者届时参与推荐和指导！

1. 荐书方式

进入图书馆主页"我的图书馆"菜单栏，用借书证号及密码登录后（教师借书证号及密码均为一卡通工资编号、学生借书证号及密码均为学号），点击"推荐采购"菜单栏下的"新录入荐购信息"按钮，进行好书推荐。

2. 荐书反馈

图书馆将对您所荐的书籍进行查询，并根据馆藏情况补订。同时，采用网络推广等方式及时向广大读者推荐、上架。

(四) 中外名著阅读心得有奖征文活动

1. **征文对象**：全校师生读者。

2. **主办单位**：校团委、图书馆。

3. **截稿日期**：即日起至 2015 年 5 月 5 日。

4. **征文要求和提交方式**：

(1) 紧扣"倡导全民阅读，建设书香社会"主题，题目自拟，体裁不限，内容积极向上、观点鲜明、结合实际、语言流畅、生动感人，不得抄袭。

（2）文档标题三号黑体居中，正文宋体、小四号字，行距 1.5 倍，A4 页面，字数以 800~2000 字为宜。

（3）注明作者姓名、学院、班级、联系电话、邮箱。学生读者征文发至邮箱 kmyzxtw@163.com，教师读者征文发送至邮箱 kmyzlib@126.com。

5. **征文评奖**：评选一等奖 2 名、二等奖 3 名、三等奖 5 名和优秀奖 15 名，颁发相应的证书和奖品。

（五）精美书签制作比赛

书签不仅记录了我们的阅历，也是具有欣赏美感的艺术品。喜爱阅读的孩子怎能不爱书签呢？让我们自己动手制作一张漂亮的书签吧，用它来传递我们之间的关怀，让生活充满爱意。

1. **参与对象**：全校师生读者。

2. **主办单位**：校团委、图书馆。

3. **截稿日期**：2015 年 5 月 7 日。

4. **活动要求**：

（1）推荐主题：校园文化、文明读书、人生感悟等。

（2）设计要求：必须为自己制作的作品；主题鲜明，清晰表达设计意图；形式美观，具有文化艺术气息；表现方法：电脑、手绘不限。

（3）每人投稿作品限一件。

（4）参赛方式：参赛者无须报名，只需要将书签作品拍摄正、反面各一张照片，连同书签制作过程中的半成品照片 1~2 张，要求画面清晰可辨，以 JPEG 格式将照片发送附件至投稿邮箱 kmyzxtw@163.com，邮件标题注明：书签制作比赛（系部、班级、学号、姓名、手机号）。请作者保存好书签，以备获奖提名时查验原件。

5. **评奖**：评选一等奖 2 名、二等奖 3 名、三等奖 5 名，颁发证书和奖品。

（六）经典电影观影活动

文学和电影都是人类重要的精神食粮，根据经典名著和畅销文学改编的优秀电影作品给人带来的视听感受更加强烈，一个镜头、一个场景、一句台词、一个人物，往往能够触动心弦，形成难以磨灭的记忆。我们将精选几部优秀的经典文艺电影免费放映，让我们一起来重温经典，重拾感动。

1. **参与对象**：全校师生读者

2. **主办单位**：校团委、图书馆

3. **放映电影和时间**：2015 年 4 月 24 日 14：00《美丽心灵》

2015 年 5 月 8 日 14：00《钢琴家》

2015 年 5 月 15 日 14：00《建国大业》

4. **放映地点**：安宁校区学生艺术中心

（七）图书馆"书海寻宝"活动

图书馆是知识的宝库、信息的海洋，如何在成千上万的书籍中找到自己想要的那本书，这需要娴熟的方法和技巧。为了鼓励广大同学喜爱阅读、喜爱图书馆的热情，我们举办这次找书寻宝大比拼，快来图书馆开心寻宝吧。

1. **参与对象**：全校学生读者。

2. **主办单位**：图书馆。

3. **报名方式**：以个人为单位，到安宁校区图书馆服务台报名；报名截止时间：即日起至 2015 年 4 月 22 日（星期三）；人数根据报名情况决定。

4. **活动规则**：

（1）**活动形式**：在活动规定的 30 分钟时间内，参与者根据图书馆提供的书单，通过图书馆检索系统或移动图书馆手机客户端等方法检索出图书在书库中的位置后，在书架上找到指定图书，并抽出夹在书中的奖券。寻宝活动结束后凭奖券兑奖。

（2）**活动时间**：2015 年 4 月 23 日（星期四）16：00—18：00。

（3）**活动地点**：安宁校区图书馆。

（4）**奖品设置**：设奖券 180 份，其中包括 2 份神秘大奖。

（八）"最美读书风景"——微电影征选活动

你喜欢宽敞明亮的图书馆吗？你喜欢散发着浓浓墨香的书籍吗？你喜欢来图书馆读书吗？你身边有爱读书的同学吗？他们是怎样读书的？……还等什么呢，请赶快拿起你的相机或手机，做一个拍客，用你的手、你的眼、你的心，捕捉你眼中与读书有关的最美的人、物、事，一起发现校园各处美丽的读书风景吧！只要你拥有对书的热爱，拥有对生活的激情，不管你的技术怎样，相信你会展现出最美的读书风景！

1. **参与对象**：全校师生读者。

2. **主办单位**：校团委、图书馆。

3. **截稿日期**：即日起至 2015 年 5 月 5 日。

4. **活动要求**：

（1）参赛作品要求一定是原创作品，可以是照片微电影（照片微电影即为多张照片使用专门软件制作成具有动态切换效果的视频，再配以恰当的音乐与文字），也可以是实拍视频短片，微电影中配上恰当的文字描述和背景音乐，时长不超过 5 分钟。微电影必须是常用的视频格式（如 avi、mov、wmv 等），作者必须保存原稿。

（2）**作品主题**："最美读书风景"。

（3）参赛作品为个人作品，要突出主题，体现教育意义，要求内容新颖，思想健康，思想性、艺术性、观赏性尽可能完美统一，作品表现风格不限。

（4）所有参赛文字及微电影作品，必须为参赛者本人自行创作的原创作品，严禁剽窃和抄袭他人作品。

（5）学生作品以邮件形式发送到邮箱 kmyzxtw@ 163.com，邮件主题注明作品标题、姓名、学院、联系电话。

（6）教师作品以邮件形式发送到邮箱 kmyzlib1@126.com，邮件主题注明作品标题、姓名、部门、联系电话。

5. **评奖**：评选一等奖 1 名、二等奖 2 名、三等奖 3 名，颁发证书和奖品。

（九）"优秀读者" 评选活动

为了充分利用图书馆文献资源，激发学生的读书热情，正确引导学生的阅读方向，培养大学生"多读书、读好书"的良好品格，营造学校良好的读书风气，面向全校学生读者开展 2014—2015 学年"优秀读者"评选活动。

1. 评选条件

（1）**书刊借阅量大**：主要参考读者借阅图书馆书籍的统计情况。

（2）**诚信无违纪**：统计期间的借阅活动无违纪、违规及其他不良记录情况。

（3）**参与图书馆活动**：向图书馆提出合理化建议，参加图书馆管理服务，能熟练利用图书馆文献信息资源，读一本好书、写一篇心得，参与图书馆志愿者工作和其他读者活动。

2. 评选时间

即日起至 2015 年 5 月 10 日。

3. 奖项设置

"优秀读者" 20 名，颁发荣誉证书和奖品。

（十）图书馆勤工助学岗 "服务之星" 评选

图书馆是学生读书学习的园地，也是其实现自我管理、自我服务的实习基地。勤工助学的学生们在图书馆的日常服务工作中默默奉献，为了激发更多的学生参与，提高服务质量，图书馆将在参与图书馆管理与服务的勤工助学岗学生中评选"服务之星"，并给予表彰奖励。

1. **评选对象**：图书馆勤工助学岗学生。

2. **评选条件**：遵守工作纪律，认真履行勤工助学岗位职责，按时到岗并完成工作任务，服务态度好，能对图书馆的服务提出合理意见和建议。

3. **评选时间**：即日起至 2015 年 5 月 10 日。

4. **奖项设置**：评选"服务之星"10 名，颁发证书和奖品。

（十一）图书馆勤工助学岗座谈交流会

图书馆是知识的殿堂，是读者的精神家园。为读者服务，爱读书，读好书，这是图书馆倡导的服务理念和风尚。世界读书日系列活动期间，图书馆邀请参与图书馆勤工助学岗的所有同学齐聚一堂，就各自的服务体验进行交流分享，同时对图书馆的服务方式、服务质量、环境营造建言献策。

1. **参与对象**：图书馆勤工助学岗全体同学

2. **时间**：2015 年 4 月

3. **地点**：安宁校区图书馆、莲华校区图书馆

（十二）读者座谈交流会

为了提高图书馆服务质量，广泛听取读者的意见和建议，拉近读者与图书馆、读者与读者之间的距离，2015 年世界读书日系列活动结束之际，图书馆将组织读者就"倡导全民阅读，建设书香社会"主题进行座谈交流。

1. **参与对象**：中外名著阅读心得征文获奖者、"最美读书风景"微电影获奖者、书签制作获奖者、"优秀读者"，以及其他热心读者。

2. **时间**：2015 年 5 月 20 日 14：00。

3. **地点**：安宁校区图书馆。

4. **内容**：读者代表们就系列活动主题畅谈交流，对图书馆服务和发展建设等提出宝贵意见和建议。

（十三）颁奖仪式

在学校 2015 年世界读书日系列活动结束后，主办单位将举行闭幕仪

式，对本次活动进行总结和表彰。

1. **参与对象**：学校相关领导、图书馆相关工作人员、读者代表。

2. **时间**：2015 年 5 月 20 日 19：00。

3. **地点**：安宁校区图书馆。

4. **内容**：

（1）2015 年世界读书日系列活动总结。

（2）为中外名著阅读心得征文、"最美读书风景"微电影、书签制作比赛、"优秀读者"、图书馆"服务之星"获奖者颁奖。

（3）宣布活动结束。

二、传统活动实践

（一）开幕式

1. 开幕式致辞

（1）**致辞人**：昆明冶金高等专科学校党委副书记 李小薇

（2）**开幕词**

尊敬的申波教授，老师们，同学们：

晚上好！

在这春暖花开的美好季节里，我们迎来了"昆明冶金高等专科学校 2015 年世界读书日系列活动"的开幕。我代表学校对世界读书日系列活动的举办表示祝贺，对云南艺术学院图书馆申波馆长的到来表示欢迎和感谢！

2015 年全国"两会"上，国务院总理李克强在政府工作报告中提出："倡导全民阅读，建设书香社会。"这是继 2014 年政府工作报告中首次提出"倡导全民阅读"后，第二次将"倡导全民阅读"写入政府工作报告，并在报告中首次提出"建设书香社会"。这表明国家已经越来越重视阅读对提升民族素质和国家软实力所起的作用。

"世界读书日"全称"世界图书与版权日"，又称"世界图书日"。1995年，联合国教科文组织确定每年4月23日为"世界读书日"。设立世界读书日的建议是由西班牙提出的，其灵感源自西班牙加泰罗尼亚地区的"圣乔治节"。美丽的公主被恶龙困于深山，勇士乔治只身战胜恶龙，解救了公主；公主回赠给乔治的礼物是一本书。从此书成为胆识和力量的象征，4月23日成为"圣乔治节"。节日期间，当地居民有赠送玫瑰和图书给亲友的习俗。实际上，同一天也是莎士比亚出生和去世的纪念日，又是美国作家纳博科夫、法国作家莫里斯·德鲁昂、冰岛诺贝尔文学奖得主拉克斯内斯等多位文学家的生日，所以这一天成为全球性图书日看来是"名正言顺"的。

知识是一个民族崛起复兴的基石，而书籍则是世界文明的载体。爱读书的民族是富有的民族，更是强大的民族。与书为伴的人生是幸福的人生。书籍总能在我们需要的时候给我们启迪或是慰藉。读书决定一个人的修养和境界，关系一个民族的素质和力量，影响一个国家的前途和命运。大学时期是人生最重要的学习阶段，是专业知识体系、人生观和价值观形成的关键时期，同学们应通过大量的阅读和自主学习，完善自我，培养坚定的信念、独立的人格和理性的态度，建立远大的志向并为之奋斗。

在过去的两年里，我校成功举办了两届世界读书日系列活动，在师生中的影响日益广泛。希望同学们在今年的活动中，继续保持参与热情，积极参加各项活动，并从中收获心智的成长和精神的享受。"最是书香能致远，腹有诗书气自华。"希望通过世界读书日系列活动的连续举办培养同学们热爱阅读的习惯，让"书香校园"成为昆明冶专的风景与文化！

再次祝愿2015年世界读书日系列活动取得圆满成功！

2. 报道

我校 2015 年世界读书日系列活动启动仪式暨
《学海讲堂》第 71 讲在安宁校区举行

"4·23 世界读书日"到来之际，图书馆联合校团委、校学生处共同推出以"倡导全民阅读，建设书香社会"为主题的世界读书日系列活动，4 月 16 日 19:30，活动开幕式在安宁校区举行。开幕式由校团委原书记杨浩主持，校党委副书记李小薇出席开幕式并致辞。云南艺术学院图书馆原馆长申波、校图书馆馆长杨云，以及师生代表等参加了开幕式。

李小薇代表学校对世界读书日系列活动的举办表示祝贺！她给师生们介绍了近年来政府对全民阅读的重视，提到李克强总理在政府工作报告中提出了要"倡导全民阅读，建设书香社会"。李小薇还介绍了世界读书日的由来，指出读书决定一个人的修养和境界，关系一个民族的素质和力量，影响一个国家的前途和命运，希望同学们在大学期间养成良好的阅读习惯，通过自主学习完善自我。图书馆馆长杨云介绍了本届读书日系列活动的内容。同时欢迎全校读者走进图书馆，使用图书馆。

开幕式后，师生们参加了读书日系列活动——专家讲座暨《学海讲堂》第 71 讲。云南艺术学院图书馆原馆长申波教授作题为《中西音乐审美差异性的文化解读》的专题讲座。申教授通过大量声情并茂的实例给同学们分析了中西方不同的文化背景，从中解读中西方音乐审美文化的特征和差异，意在说明多元文化观是我们理解事物的基础与前提。他与同学们分享了自己广博精深的音乐理解，并对同学们提出的问题耐心解答，受到同学们的热烈欢迎和喜爱。活动为每位参与提问的同学赠送了小礼品。

本届读书日系列活动时间为 4 月 16 日至 5 月 20 日，共举办 12 项活动，包括系列讲座、移动阅读推广、"好书我推荐"荐好书活动、中外名著阅读心得有奖征文、精美书签制作比赛、经典电影观影、图书馆"书海寻宝"活动、"最美读书风景"——微电影征选、"优秀读者"评选、图书馆勤工助学岗"服务之星"评选、图书馆勤工助学岗座谈交流会、系列座谈交流会和颁奖仪式。

图4-1　昆明冶金高等专科学校党委副书记李小薇致开幕词

图4-2　昆明冶金高等专科学校图书馆馆长杨云介绍世界读书日系列活动内容

（二）系列讲座活动

1. 讲座一：中西音乐审美差异性的文化解读

围绕"倡导全民阅读，建设书香社会"主题，邀请知名专家、学者作主题讲座和培训，丰富读者知识面和阅读面，拓宽视野。

主题：中西音乐审美差异性的文化解读。

主讲人：申波（云南艺术学院图书馆原馆长，教授，硕士生导师）。

时间：2015年4月16日19:30。

地点：安宁校区教学大楼第六阶梯教室。

主办：学生工作部（学生处）图书馆。

承办：建材学院。

内容：通过对中西方文化背景的分析，解读中西方音乐审美文化的特征和差异，意在说明多元文化观是我们理解事物的基础与前提。

专家简介：申波，云南艺术学院图书馆原馆长，教授，硕士生导师。云南省中青年教学科研学术带头人、"省贴"专家、云南省音乐评论学会会长。主持完成国家和省级科研课题8项，出版学术专著5部。

图4-3　申波作专题讲座

2. 讲座二：数字图书馆在你身边——图书馆电子资源使用指南

（1）活动发布

围绕"倡导全民阅读，建设书香社会"主题，邀请图书馆副研究馆员作专题培训，提高读者的信息素质，拓宽视野。

主　　题：数字图书馆在你身边——图书馆电子资源使用指南。

主讲人：李永宁。

时　　间：2015 年 5 月 13 日 19:00。

地　　点：安宁校区教学大楼第六阶梯教室。

主　　办：学生工作部（学生处）图书馆。

承　　办：矿业学院。

内　　容：数字图书馆是当前图书馆的主流趋势，据统计，我校图书馆电子资源访问量已经连续多年大大超过传统纸质书刊，呈直线上升趋势，现拥有 20 个电子资源数据库，涵盖国内三大主流数据库 CNKI、维普和万方，文献类型有学术期刊、电子图书、博硕士论文、视频报告、考试题库等，我们将精选一些主要电子资源数据库进行介绍。

专家简介：李永宁，昆明冶金高等专科学校图书馆信息服务中心副研究馆员，主要从事图书馆网络化、自动化和数字化研究，在国内省级刊物上公开发表学术论文 6 篇。

（2）报道

2015 年世界读书日系列活动之专家
讲座二：数字图书馆在你身边

由图书馆和学生处主办、矿业学院承办的 2015 年世界读书日系列活动之专家讲座二：数字图书馆在你身边——图书馆电子资源使用指南于 2015 年 5 月 13 日在安宁校区举行，此次讲座同时也是《学海讲堂》第 76 讲。

讲座由矿业学院副院长李志成主持，图书馆信息服务中心副研究馆员李永宁主讲，从数字图书馆的概念入手，比较了数字图书馆与传统图书馆的强大优势，并对图书馆拥有的信息服务和电子资源进行了详细介绍和演示，内容与矿业专业紧密结合，实用性和可操作性强。

同学们表现出浓厚兴趣，听得认真仔细。此次讲座进一步对我校图书馆数字资源服务渠道进行了宣传，为同学们能充分利用馆藏海量数字资源开展学习和生活起到了积极的促进作用。

图 4-4　李永宁作专题讲座

3. 讲座三：移动畅想，全民阅读

围绕"倡导全民阅读，建设书香社会"主题，邀请知名专家、学者作主题讲座和培训，丰富读者的知识面和阅读面，拓宽视野。

主　　题：移动畅想，全民阅读。

主讲人：瞿秋燕。

时　　间：2015 年 5 月 20 日 19：30。

地　　点：安宁校区教学大楼第六阶梯教室。

主　　办：学生工作部（学生处）图书馆。

承　　办：冶金材料学院。

内容：如何应用超星发现的知识服务体系在大数据环境中获取有价值的信息资源。

专家简介：瞿秋燕，毕业于湖南湘潭大学图书情报学专业，熟知图书馆发展趋势及发展状况，任北京超星公司专职培训师 3 年，为各大高校进行过百余场培训，擅长与学生互动交流。

（三）"好书我推荐" 荐好书活动

1. 活动发布

为使广大读者阅读到更多优质的书籍，学校图书馆将于 2015 年 4 月 16—30 日举办世界读书日系列活动之 "好书我推荐" 荐好书活动。

诚挚邀请全校师生读者届时参与推荐和指导！

（1）**荐书方式**：

①进入校园网图书馆主页（http://lib.kmyz.edu.cn/）"我的图书馆"菜单栏，用借书证号及密码登录后（教师借书证号及密码均为一卡通工资编号、学生借书证号及密码均为学号）。

②进入"推荐采购"菜单栏。

③点击"新录入荐购信息"按钮，进行好书推荐，并确认。

新录入荐购信息

录入自荐数据

题 名： _____ **

责任者： _____

出版地： ____ 出版社： _____ 出版年： ____

ISBN/ISSN： _____ 价格： ____ 版本： ____

页 码： ____ 卷册： ____ 分类号： ____

附 注： _____

提 要： _____

确认荐购

（2）**荐书反馈**：图书馆将对您所荐的书籍进行查询，并根据馆藏情况补订。同时，采用网络推广等方式及时向广大读者推荐、上架。

2. 报道

2015年世界读书日系列活动之"好书我推荐"活动结束

2015年世界读书日系列活动之"好书我推荐"活动于5月20日结束。

活动共收到105条来自全校师生读者及学院（部门）所推荐的书目信息。此次荐书活动，采取系统荐书方式，在数据统计、查询、补订速度等方面较往年有所改进，部分无馆藏的推荐图书及时得到补订。

通过此次活动，图书馆与广大读者有了更多的交流与沟通。希望今后有更多的师生加入荐书活动中来，使图书馆能进一步了解读者的借阅需求和专业需要，同时也为图书馆今后制订图书采购计划提供了有效的依据。

（四）中外名著阅读心得有奖征文活动

1. 活动发布

文学可以陶冶人的性情，提高自身涵养，让人品读之后回味无穷。请拿起你的笔，写下那本书在你心中留下的最为深刻的感动。

（1）**征文对象**：全校师生读者。

（2）**主办单位**：校团委、图书馆。

（3）**截稿日期**：即日起至 2015 年 5 月 5 日。

（4）**征文要求和提交方式**：

①紧扣"倡导全民阅读，建设书香社会"主题，题目自拟，体裁不限，内容积极向上、观点鲜明、结合实际、语言流畅、生动感人，不得抄袭。

②文档标题三号黑体居中，正文宋体、小四号字，行距 1.5 倍，A4 页面，字数以 800~2000 字为宜。

③注明作者姓名、学院、班级、联系电话、邮箱。学生读者征文发至邮箱 kmyzxtw@ 163.com，教师读者征文发送至邮箱 kmyzlib@ 126.com。

（5）**征文评奖**：评选一等奖 2 名、二等奖 3 名、三等奖 5 名和优秀奖 15 名，颁发相应的证书和奖品。

2. 获奖作品

学生获奖作品：

一等奖，作者：物流学院　物工 1413 班　周艳燕

不完美的完美——读《追风筝的人》有感

《追风筝的人》是我最好的朋友送给我的成人礼物。当我捧起这本书时，就被封面吸引住了：书的封面是被夕阳映出的云朵，云朵的尽头，土地上，一个飘在天空中的风筝，拖着长长的线，线的尾端没有突出，只是不断地延伸着。

这本书出自一名阿富汗作家，以前我不太喜欢阅读被翻译过的作品，总

以为经过翻译的作品都已经失去了原著的味道，无法完全彻底地与作者、主人公产生共鸣。可是《追风筝的人》却让我改变了这种观点，它让我感受到了文字的力量，更感受到了外国作品的独特魅力。可以说，每一个字，每一个句子，每一个段落，我都是很认真地去看的。当我终于把这部小说看完的时候，心里有一种说不清、道不明的滋味，因为作者淡柔细腻的文字，因为朴实而坚强的哈桑，因为那个后悔的阿米尔。

小说讲述的是阿富汗富家少爷阿米尔与他父亲的仆人哈桑之间的友情故事。兔唇哈桑是阿米尔最好的伙伴，但当哈桑被其他富家少爷暴打时，阿米尔却缩在阴暗的角落不敢帮助哈桑。阿米尔无法面对哈桑，最后甚至栽赃他，让他永远离开了这个家。到后来阿米尔获悉哈桑竟是自己同父异母的兄弟时，悔恨与伤痛纠结。他不顾危险前往家乡阿富汗，开始了救赎。回到家乡的阿米尔目睹了家乡的变化，战乱不断，民不聊生。最后得知哈桑死了，而哈桑唯一的儿子也落入了阿米尔儿时的宿敌手中，一场救赎再次开始。故事的最后，阿米尔回到了索拉博，他费尽周折地找到了哈桑的儿子，追到了心中漂移已久的风筝，成为一个真正的男子汉。

阅读的过程中，我可以轻易地被一些直指人心的情感打动，比如危急关头的懦弱无助，亲人面临危险时的慌乱无措，失去亲人时的悲伤孤独，以及时常涌上心头的自责、自卑和赎罪的冲动……但其实这本书让我最感动的不是阿富汗父亲为了救阿富汗母亲的挺身而出，也不是这位父亲临终为了孩子提亲，而是阿米尔的最后一句：For you, a thousand times over（为你，千千万万遍）。这是人性在最后一刻的爆发。

每次看书只要有喜欢的句子，我都会拿本子把它摘录下来，因为这是一种很宝贵的精神食粮。《追风筝的人》这本书对我影响很深，其中一句"我们总喜欢给自己找很多理由去解释自己的懦弱，总是自欺欺人地去相信那些美丽的谎言，总是去掩饰自己内心的恐惧，总是去逃避自己犯下的罪行。但事实总是，有一天，我们不得不坦然面对那些罪恶，给自己心灵予救赎"使我们认识到，往往最能让我们心生歉疚的是一颗最真挚的心，它让我们无处可逃。也许很多时候我们都很懦弱，并怯于担当，但总是会有机会，我们甘愿为了自己或他人不顾一切，就如为你千千万万遍。

透过残忍而又美丽的文字，我们明白，在生活中，其实我们每个人身上都有阿米尔的影子，而我们的生命中也都会有哈桑这样的角色出现，我们不断怀念追思，这一切在胡塞尼的笔下都被真实地呈现出来。而"风筝"对于每个人来说有不同的意义，相同的是为了它，在某一刻我们愿意倾尽所有，哪怕是生命。我想这或许是《追风筝的人》这部小说留给我的最深刻的影响吧！

教师获奖作品：

作者：昆明冶金高等专科学校学报编辑部　毛颖

《少年H》读后记

虽然这是一本日本人写作的有关战时日本的社会生活记录，但给予读者的感受并不止于此。阅读这本书之前首先需要摈弃偏狭、无谓的民族主义观念，安心交由一个普通日本男孩H带你亲历他的少年生活。这段生活，跨越了日本的战前、战中和战败阶段，有时因为年幼的H和善解人意的父母显得纯真幸福，有时因为法西斯式的学校教育显得荒诞残忍，有时又因为残酷战乱中坚韧求生的日本平民以及善良宽容的H一家而散发阵阵温暖。

本书的作者妹尾河童，1930年生于神户，是日本著名的舞台美术设计家和散文家。他以往的著作大多是亦文亦画风格，内容轻松活泼，引人入胜（参看三联书店引进他的"窥视"系列图书）；然而在这本自传体小说中，河童一改读者心中天真好奇的"老顽童"形象，以一个战争见证者的身份，毫无粉饰地传神勾勒出一幅剧烈动荡中的日本生活画卷，为自己，也为读者保留了一份珍贵的历史记忆。和他的画作一样，《少年H》所不改的是作者对于种种细节巨细靡遗的把握能力，以至于阅读过程中常常为曲折的情节心神激荡，也会被浓厚的生活气息和生动传神的各色人物深深吸引。看完这本书，女孩也许会说：这不就是班上那个讨厌鬼吗？男孩可能颔首称是：这家伙和我的想法差不多啊——充满欢乐、忧思和追问的少年情怀，并不因为时空和种族的差异而有所隔膜，合上书，闭上眼，书中的人物似乎立刻就在你的耳边讲起话来。

《少年 H》1997 年获得日本"每日出版文化奖"特别奖；迄今已被译成多种文字出版，销售突破 350 万册；同名作品改编的电影已于 2013 年公映（虽然不差，但还是推荐看书）。

作为读者，总是希望能够读到这样一本书：文字平易浅白但内容丰富有趣；语言既充满感情又不流于滥情表达；能够经由阅读与作者产生心灵的共鸣和对话，于有限的人生经历中拓展自己的生命体验——在我看来，《少年 H》就是这样一本书。

（五）"书海寻宝"活动

1. 活动发布

图书馆是知识的宝库、信息的海洋，如何在成千上万的书籍中找到自己想要的那本书，这需要娴熟的方法和技巧，为了鼓励广大同学喜爱阅读、喜爱图书馆的热情，我们举办这次找书寻宝大比拼，快来图书馆开心寻宝吧。

（1）**参与对象**：全校学生读者（图书馆勤工助学的同学除外）。

（2）**主办单位**：图书馆。

（3）**报名方式**：以个人为单位，到安宁校区图书馆服务台报名，报名截止时间：即日起至 2015 年 4 月 22 日（星期三），人数根据报名情况决定。

（4）**活动规则**：

①**活动形式**：在活动规定的 30 分钟时间内，参与者根据图书馆提供的书单，通过图书馆检索系统或移动图书馆手机客户端等方法检索出图书在书库中的位置后，在书架上找到指定图书，并抽出夹在书中的奖券。寻宝活动结束后凭奖券兑奖。

②**活动时间**：2015 年 4 月 23 日（星期四）16：00—18：00。

③**活动地点**：安宁校区图书馆。

④**奖品设置**：设奖券 180 份，其中包括 2 份神秘大奖。

2. 报道

图书馆举办"2015 年世界读书日系列活动之书海寻宝"

2015 年 4 月 23 日是第 20 个"世界读书日"，为鼓励同学们走进图书馆，热爱图书馆，图书馆举办了"书海寻宝"活动。本次活动共计有 11 个学院的 99 名同学参与。

活动于下午 4 点整正式开始，图书馆老师向同学们介绍了图书馆馆藏布局、图书检索方法及比赛规则。在接下来一个小时的寻宝过程中，同学们热情高涨，他们穿梭于成排的书架中，依据索书号及书名快速地查找图书。选手们洋溢的青春气息和奋勇争先的拼搏精神给旁观助威的同学和老师们留下了深刻印象。

图 4-5　参赛同学正在寻找书中奖券

本次活动的开展，增进了读者对图书馆整体布局的了解，加深了读者对图书归类摆放规则的认识，提高了读者检索书目的能力。读者们希望今后能够参与图书馆更多的活动。

（六）"优秀读者" 评选活动

2015 年世界读书日系列活动期间，为鼓励读者保持阅读的热情，图书馆开展了 2014—2015 年度 "优秀读者" 评选活动。

依据读者年图书借阅量、年进馆次数等数据，图书馆评选 "优秀读者" 20 名。

（七）图书馆勤工助学岗 "服务之星" 评选

通过对勤工助学岗人员的岗位履职情况、工作量、服务态度等方面的综合评定，评选勤工助学岗 "服务之星" 10 名。

（八）图书馆勤工助学岗座谈交流会

1. 活动发布

图书馆是知识的殿堂，是读者的精神家园。为读者服务，爱读书，读好书，是图书馆倡导的服务理念和风尚。世界读书日系列活动期间，图书馆邀请参与图书馆勤工助学岗服务的所有同学齐聚一堂，就各自的服务体验进行交流分享，同时对图书馆的服务方式、服务质量、环境营造等建言献策。

（1）**参与对象**：图书馆勤工助学岗全体同学

（2）**时间**：2015 年 5 月 6 日

（3）**地点**：安宁校区图书馆、莲华校区图书馆

2. 报道

图书馆举办 2015 年世界读书日系列活动之勤工助学岗座谈交流会

为了促进图书馆勤工助学岗服务，增进勤工助学岗同学们对相互工作的了解，2015 年世界读书日系列活动期间，图书馆联合校学生处召开了图书馆

勤工助学岗座谈交流会。

　　本次活动分为两个场次：安宁校区座谈交流会和莲华校区座谈交流会。安宁校区座谈交流会于5月6日中午12:45在安宁校区图书馆三楼会议室召开，昆明冶金高等专科学校图书馆副馆长袁立坚、学生处副处长李海涛、图书馆信息服务中心和读者服务中心的老师及17名勤工助学的同学参与。莲华校区座谈交流会于5月6日18:00在莲华校区图书馆二楼现刊室召开，昆明冶金高等专科学校图书馆馆长杨云、学生处副处长常青青、图书馆文献管理中心、信息服务中心、读者服务中心的老师及16名勤工助学同学参会。

图4-6　安宁校区世界读书日读者座谈会

　　座谈会上，杨馆长、袁副馆长均介绍了本次世界读书日活动的概况，总结了前期图书馆的勤工助学工作，肯定了同学们的劳动，对每一位同学的辛勤付出表示感谢。常副处长、李副处长也介绍了学校勤工助学概况。同学们畅所欲言，结合自己在图书馆工作中的实际经历和体会，畅谈了参与图书馆管理工作的感受，提出了很多宝贵的意见和建议。座谈结束后，学生处的两位副处长对图书馆的勤工助学工作给予了肯定，并希望同学们能珍惜自己的岗位，在岗位上做好自己的本职工作，为师生提供更好的服务。

图4-7　莲华校区勤工助学同学座谈会

座谈会在轻松、愉快的氛围中结束，大家都意犹未尽。对座谈会中同学们提出的意见和建议，图书馆将及时进行整改，为全校读者提供更优质高效的服务。

（九）读者座谈交流会

1. 活动发布

为了提高图书馆服务质量，广泛听取读者的意见和建议，拉近读者与图书馆、读者与读者之间的距离，2015年世界读书日系列活动结束之际，图书馆将组织读者就"倡导全民阅读，建设书香社会"主题进行座谈交流。

（1）**参与对象**：中外名著阅读心得征文获奖者、"最美读书风景"微电影获奖者、书签制作获奖者、"优秀读者"，以及其他热心读者。

（2）**时间**：2015年5月20日14:00。

（3）**地点**：安宁校区图书馆。

（4）**内容**：读者代表们就系列活动主题畅谈交流，对图书馆服务和发展建设等提出宝贵意见和建议。

2. 报道

图书馆举办"2015年世界读书日系列活动之读者座谈交流会"

5月20日下午2点，"2015年世界读书日系列活动之读者座谈交流会"在安宁校区图书馆举行。座谈会邀请了图书馆"优秀读者"、勤工助学岗"服务之星"、"中外名著阅读心得"有奖征文获奖者、"精美书签制作比赛"获奖者、"最美读书风景"——微电影征活动获奖者，以及热心读者和图书馆相关领导、工作人员等90余人参与座谈。

图4-8 世界读书日系列活动——读者座谈会

座谈会紧扣"倡导全民阅读，建设书香社会"活动主题，现场气氛热烈。优秀读者交流读书心得，"服务之星"畅谈服务理念，征文活动、书签制作活动及微电影活动获奖者分享和展示了获奖作品。读者们畅所欲言，就图书馆的环境、服务、管理等方面与图书馆领导和老师进行了深入探讨。图书馆领导和相关工作人员也对图书馆的历史和现状做了详尽介绍，悉心听取了读者们的建议，并一一做出解答和承诺。今后，图书馆将继续努力，不断加强资源和队伍建设，强化服务，为学校的科研和教学提供有力保障。

（十）闭幕式

1. 闭幕式致辞

（1）**致辞人：**昆明冶金高等专科学校学生处处长　杨永锋

（2）**闭幕词**

亲爱的同学们、各位老师们：

晚上好！

"倡导全民阅读，建设书香社会"，昆明冶金高等专科学校2015年世界读书日系列活动圆满结束了！我代表学校对世界读书日系列活动的成功举办表示祝贺！对北京超星公司专职培训师瞿秋燕的到来表示热烈的欢迎和感谢！对组织本次活动的校团委、学生处、图书馆，以及积极响应活动的老师、同学们表示诚挚的感谢！

书籍是人类进步的阶梯，阅读是文明传承的基础。国家主席习近平2014年在索契接受俄罗斯电视台专访时曾说："读书已成了我的一种生活方式。"日理万机的国家领导人尚且把读书当作"生活方式"，"抽时间读书"，那我们呢？

习近平总书记曾说过，"读书让人启发智慧，滋养浩然之气"；李克强总理则认为"不读书难以有思想火花闪烁"。领导人读了多少书呢？据不完全统计，习近平主席仅在国外演讲、专访中就提到40多位国外作家和哲学家的作品。他坦言至今对作品中许多精彩章节和情节都记得很清楚，许多艺术形象仍栩栩如生地存在于脑海之中。一个个作品、典故和文学引语被他信手拈来，一次次触动当地民众的心灵——那是挥之不去的书香，那是醇厚的人文情怀，那是深邃的思想。

读什么、怎么读，折射的是一个国家、一个民族的精神状态与发展潜力。我们需要物质的现代化，更需要精神的现代化。我们不仅要仓廪实，亦需要有让灵魂停歇安居的港湾。时代在发展，媒介形态日益丰富，在什么终端上阅读并不重要，重要的是在读什么。在现实生活中，相当多的人热衷于"碎片化阅读""快餐式阅读""浅阅读"，而系统、深入的阅读却不受重视。

当然，阅读习惯的形成非一日之功，把读书当成一种"生活方式"是一个长期修为。我国开展"全民阅读活动"已多年，2014 年的政府工作报告也首次将"倡导全民阅读"写入其中。我们学校图书馆的硬件和软件条件日益强化，我们早已告别买不起书的年代，问题的关键在于我们自己。

2015 年的世界读书日系列活动即将结束，本届活动汲取了前两届世界读书日活动的经验，活动内容更加丰富，读者参与面更为广泛，在全校师生中掀起了更高的读书热情。希望大家能够一如既往地热爱读书，将读书当作我们的生活方式，因为读书可以使浮躁的心情变得沉静、使肤浅的思想变得深刻，使狭隘的胸襟变得宽容。

最后，我代表学校再次祝贺 2015 年世界读书日系列活动圆满成功！

2. 报道

昆明冶金高等专科学校 2015 年世界读书日系列活动落下帷幕

5 月 20 日晚，昆明冶金高等专科学校 2015 年世界读书日系列活动之专家讲座暨闭幕仪式在安宁校区主教学楼第六阶梯教室隆重举行。学校图书馆馆长杨云、学生处原处长杨永峰、副处长李海涛、校团委原副书记张丽娜以及师生代表等参加了闭幕仪式。闭幕仪式由图书馆副馆长袁立坚主持。

晚上 7 点，围绕"倡导全民阅读，建设书香社会"的主题，北京超星公司专职培训师瞿秋燕为在场的师生做了一场题为"移动畅想，全民阅读"的讲座，为大家详细地讲解了超星移动图书馆、读秀和百链云三个数据库的检索方法。专家的精彩讲解，激起了同学们浓厚的学习热情。在互动交流环节中超星公司向参与问答的同学赠送了精美礼品。

专家讲座结束后，举行了读书日活动闭幕仪式。图书馆馆长杨云对本届世界读书日系列活动进行了总结，这次活动由图书馆联合校团委、校学生处共同推出，以"倡导全民阅读，建设书香社会"为主题，为期35天，共13项活动。活动期间共举办3场讲座，分别邀请了云南艺术学院图书馆原馆长申波、学校图书馆副研究馆员李永宁、北京超星公司培训师瞿秋燕作专题讲座，受到广大师生的欢迎。移动阅读推广活动从歌德电子借阅机上精选20本图书，将书籍封面、内容简介及二维码印制成海报，张贴在学生食堂、宿舍等区域，读者可通过"移动图书馆"客户端扫描二维码下载图书。"中外名著阅读心得"有奖征文活动，师生读者们踊跃投稿，共收到征文85篇，其中学生作品24篇获奖，7名教师获"最佳中外名著阅读征文奖"。"精美书签制作比赛"共收到46件作品，评出获奖作品11件，有34人获奖，其中学生一等奖2件、二等奖3件、三等奖5件以及教师最佳作品奖1件。"最美读书风景"——微电影征选活动共收到6部作品，其中一等奖1名，二等奖2名，三等奖3名。"书海寻宝"活动旨在让读者学会检索图书并找到书架上相应的书籍，共99人参与，均获得奖励，受到学生们的好评。"好书我推荐"荐好书活动，读者参与积极，共收到来自全校读者的105条推荐书目，图书馆整理了推荐书目，并通过学校网络平台向全校师生读者进行推荐，使更多的读者通过此次活动，阅读到更多经典、优秀的图书。此次读书日系列活动还在安宁校区学生艺术中心开展了经典电影观影活动，精选了3部优秀的经典文艺电影为同学免费放映，丰富了学生的精神生活。为鼓励读者保持阅读热情，图书馆开展了2014—2015年度"优秀读者"评选活动，"优秀读者"评选参照2014—2015年度读者年图书借阅量、年进馆次数等数据，评选产生20名"优秀读者"，其中年图书借阅量最高的读者借阅图书114册、进馆次数为242次。图书馆共有勤工助学岗位35个，他们认真履行工作职责，对图书馆的工作做出了积极贡献，本次活动通过对勤工助学岗人员岗位履职情况、工作量、服务态度等方面的综合评定，评选并表彰了10名图书馆勤工助学岗"服务之星"。世界读书日系列活动期间，图书馆召开了两场勤工助学岗座谈交流会，邀请参与图书馆勤工助学工作的所有同学齐聚一堂，就各自的服务体验进行交流分享，同时对图书馆的服务方式、服务质量、环境营造建言献策。活动结束之际，图书馆还组织了读者座谈交流会，代表们就本次活动主题"倡导全民阅读，建设书香社会"畅谈交流，对图书馆服务和发展建设等提出了宝贵意见。

昆明冶金高等专科学校团委原副书记张丽娜宣读了2015年世界读书日系列活动各项评选活动的获奖名单。出席闭幕式的领导分别为获奖者们颁发了奖状和纪念品，并与获奖者合影留念。

昆明冶金高等专科学校学生处原处长杨永峰参加了闭幕仪式，并对2015年世界读书日系列活动的成功举办表示祝贺。他希望同学们能够一如既往地热爱读书，将读书当作生活的方式，通过读书使浮躁的心情变得沉静，使肤浅的思想变得深刻，使狭隘的胸襟变得宽广。

2015年世界读书日系列活动已落幕，学校的读书活动借此迎来了新的开始，希望读书日活动为我们营造出一个书海飘香的校园文化氛围。

图4-9 杨云为获奖学生颁奖

图 4-10 杨永峰为获奖学生颁奖

三、特色活动实践

（一）移动阅读推广活动

在信息高速发展的今天，相比传统阅读，移动阅读已渐渐成为一种新的阅读方式为人们所使用和喜爱。图书馆适时推出了歌德电子借阅机，每月实时更新 2000 本畅销图书免费提供全文下载。读者在手机或平板电脑上安装超星"移动图书馆"客户端，使用客户端左下角的"扫一扫"功能扫描图书二维码即可下载观看电子图书。

图 4-11　活动海报

1. **主办单位**：图书馆。

2. **活动时间**：即日起至 2015 年 5 月 20 日。

3. **活动内容**：从歌德电子借阅机上精选 20 本图书，印制书籍封面、内容简介及二维码，连同超星"移动图书馆"客户端下载的二维码，张贴在学生食堂、宿舍等区域，读者可通过"移动图书馆"客户端扫描下载图书。

（二）精美书签制作比赛

1. 活动发布

书签不仅记录了我们的阅历，也是具有欣赏美感的艺术品。喜爱阅读的孩子怎能不爱书签呢？让我们自己动手制作一张漂亮的书签吧，用它来传递我们之间的关怀，让生活充满爱意。

（1）**参与对象**：全校师生读者。

（2）**主办单位**：校团委、图书馆。

（3）**截稿日期**：即日起至 2015 年 5 月 7 日。

（4）**活动要求**：

①**推荐主题**：校园文化、文明读书、人生感悟等。

②**设计要求**：必须是自己制作的作品；主题鲜明，清晰表达设计意图；形式美观，具有文化艺术气息；表现方法：电脑、手绘不限。

③**每人投稿作品限一件。**

④**参赛方式**：参赛者无须报名，只需要将书签作品拍摄正、反面各一张照片，连同书签制作过程中的半成品照片 1～2 张，要求画面清晰可辨，以 JPEG 格式将照片发送附件至投稿邮箱 kmyzxtw@163.com，邮件标题注明：书签制作比赛（系部、班级、学号、姓名、手机号）。请作者保存好书签，以备获奖提名时查验原件。

（5）**评奖**：评选一等奖 2 名，二等奖 3 名，三等奖 5 名，颁发证书和奖品。

2. 获奖作品

一等奖：

（1）作者：机械工程学院　机械 1417 班　王根安、乔允哲、高奕梅、赵起、赵颜花

图 4-12　精美书签制作一等奖作品一

（2）作者：冶金材料学院　冶金 1347 班　唐凤、印涵钰、申碧娟

图 4-13　精美书签制作一等奖作品二

（三）经典电影观影活动

文学和电影都是人类重要的精神食粮，根据经典名著和畅销文学改编的优秀电影作品给人带来的视听感受更加强烈，一个镜头、一个场景、一句台词、一个人物，往往能够触动心弦，形成难以磨灭的记忆。我们将精选几部

优秀的经典文艺电影免费放映，让我们一起来重温经典，重拾感动。

图 4-14 活动海报

（1）**参与对象：**全校师生读者

（2）**主办单位：**校团委、图书馆

（3）**放映电影和时间：**2015 年 4 月 24 日 14:00 《美丽心灵》

2015 年 5 月 8 日 14:00 《钢琴师》

2015 年 5 月 15 日 14:00 《建国大业》

（4）**放映地点：**安宁校区学生艺术中心

（四）"最美读书风景"——微电影征选活动

你喜欢宽敞明亮的图书馆吗？你喜欢散发着浓浓墨香的书籍吗？你喜欢来图书馆读书吗？你身边有爱读书的同学吗？他们是怎样读书的？……还等什么呢，请赶快拿起你的相机或手机，记录下校园各处美丽的读书风景吧！

（1）**参与对象**：全校师生读者。

（2）**主办单位**：校团委、图书馆。

（3）**截稿日期**：即日起至 2015 年 5 月 5 日。

（4）**活动要求**：

①参赛作品要求一定是原创作品，可以是照片微电影（照片微电影即为多张照片使用专门软件制作成具有动态切换效果的视频，再配以恰当的音乐与文字），也可以是实拍视频短片，微电影中配上恰当的文字描述和背景音乐，时长不超过 5 分钟。微电影必须是常用的视频格式（如 avi、mov、wmv 等），作者必须保存原稿。

②作品主题："最美读书风景"。

③参赛作品为个人作品，要突出主题，体现教育意义，要求内容新颖，思想健康，思想性、艺术性、观赏性尽可能完美统一，作品表现风格不限。

④所有参赛文字及微电影作品，必须为参赛者本人自行创作的原创作品，严禁剽窃和抄袭他人作品。

⑤学生作品以邮件发送到 kmyzxtw@ 163. com，邮件主题注明作品标题、姓名、学院、联系电话。

⑥教师作品以邮件发送到 kmyzlib1@ 126. com，邮件主题注明作品标题、姓名、部门、联系电话。

（5）**评奖**：评选一等奖 1 名，二等奖 2 名，三等奖 3 名，颁发证书和奖品。

第五章 "书香冶专"2016年世界读书日系列活动

一、活动方案

书籍是人类宝贵的精神财富，阅读则是人类汲取财富、走向未来的阶梯。"4·23"是联合国教科文组织确定的世界读书日，它设立的目的就在于"希望散居在全球各地的人们，无论你是年老还是年轻，无论你是贫穷还是富有，无论你是患病还是健康，都能享受阅读的乐趣，都能尊重和感谢为人类文明做出巨大贡献的文学、文化、科学思想大师们"。为迎接2016年世界读书日的到来，营造浓厚的校园阅读氛围，图书馆、校团委、学生处将继续联合举办昆明冶金高等专科学校"书香冶专"2016年世界读书日主题系列活动。活动安排如下：

活动主题：书香冶专

宣传口号：经典润泽生命，好书伴我同行

活动对象：全校师生读者

活动时间：2016年4月20日至5月19日

活动内容：

（一）系列讲座活动

围绕"书香冶专"主题，邀请知名专家、学者到校作主题讲座，拓宽读

者视野，汲取治学精神。

1. 专家讲座

主办单位：学生处、图书馆

主题：当代国际秩序新变化

主讲：王资（昆明冶金高等专科学校原校长）

时间：2016 年 4 月 20 日 19：00

地点：安宁校区主教学楼第六阶梯教室

2. 专家讲座

主办单位：学生处、图书馆

主题：传统文化的社会功能及其在当代社会治理中的运用

主讲：赵世林（云南民族大学图书馆原馆长）

时间：2016 年 5 月 19 日 19：00

地点：安宁校区主教学楼第六阶梯教室

（二）"关注与分享·移动阅读"现场推广活动

在移动互联网迅速发展的今天，移动阅读已得到多数人的接受和喜爱。我校图书馆目前已向读者开通了微信平台和移动图书馆服务。为了推广移动阅读，图书馆将举办"关注与分享·移动阅读"现场推广活动。

1. **参与对象**：全校师生

2. **主办单位**：图书馆

3. **活动时间**：2016 年 5 月 5 日

4. **活动地点**：安宁校区图书馆大厅

5. **活动内容**：现场成功关注图书馆微信和安装移动图书馆客户端，即可参与现场抽奖活动。

（三）"好书齐分享" 荐书活动

为使广大读者阅读到更多优质的书籍，让读者自主选择采购书籍，与大家分享好书，图书馆将举办"好书齐分享"荐书活动。

1. **参与对象**：全校师生。

2. **主办单位**：图书馆。

3. **活动时间**：2016 年 4 月 21—30 日。

4. **荐书方式**：

方法一：扫描下方移动图书馆客户端，下载、登录手机移动图书馆（教师借书证号及密码均为一卡通工资编号、学生借书证号及密码均为学号），点击"图书荐购"图标，进行图书推荐。

方法二：扫描下方"图书荐购"二维码，进行图书推荐。

"图书荐购"二维码

（四）"书墨飘香" 书画征选活动

书画是人类心灵的表达，是艺术的创造，是人类升华的审美和认知，拿起你的画笔，为我们书写你高远的意境，勾勒出你心中的美好吧。安宁校区图书馆二期建设现已完成，师生们的优秀作品将于活动结束后在安宁校区图书馆展出，你的作品将为我们的新书库增添色彩。

1. **参与对象**：全校师生读者。

2. **主办单位**：校团委、图书馆。

3. **截稿日期**：2016 年 5 月 5 日。

4. **活动要求**：

（1）**作品要求**：必须是自己亲笔的作品，且主题鲜明，格调高雅，健康向上。

（2）**表现方法**：书法作品仅限毛笔，书体不限；绘画作品画种不限。

（3）**作品主题**："书香冶专"。

（4）**参选方式**：参赛者无须报名，学生请把作品原件交至校团委，并附上姓名、学院、联系电话；教师请把作品原件交至图书馆，并附上姓名、部门、联系电话。

5. **奖项设置**：书法作品及绘画作品分别设一等奖 2 名，二等奖 3 名，三等奖 5 名，优秀奖若干名，颁发相应的证书和奖品。

（五）"情寄书缘"寻书比赛活动

图书馆是知识的宝库，是信息的海洋，如何在成千上万的书籍中找到自己想要的那本书，这需要娴熟的方法和技巧。为了让同学们更加了解图书的布局及图书查找方法，提高同学们喜爱阅读、喜爱图书馆的热情，我们将举办"情寄书缘"寻书比赛。

1. **参与对象**：全校学生读者（勤工助学岗同学除外）。

2. **主办单位**：图书馆。

3. **报名方式**：可通过发送关键字"报名"到图书馆微信公众平台进行报名或到安宁校区图书馆服务台填写报名表报名。

4. **报名截止时间**：即日起至 2016 年 5 月 4 日。

5. **活动规则**：

（1）**活动形式**：在活动规定的 30 分钟时间内，参与者根据图书馆提供的书单，通过图书馆检索系统或移动图书馆手机客户端等，检索图书索取号，根据索取号找到指定图书，并抽出奖券兑换奖品。

（2）**活动时间**：2016 年 5 月 5 日 16：00—18：00。

（3）**活动地点**：安宁校区图书馆。

（4）**奖品设置**：设奖券 180 份，其中包括 2 份神秘奖品。

（六）"优秀读者" 评选活动

为进一步推动学校学风建设，树校园读书之风，鼓励学生到图书馆多读书、读好书，激发同学们对读书的热情，积极利用图书馆，不断充实自己，提高自身的综合素质，面向全校学生读者开展 2015—2016 学年 "优秀读者" 评选活动。

1. 评选条件

（1）**书刊借阅量大**：主要参考读者借阅图书馆书籍的统计情况。

（2）**入馆次数**：参考图书馆门禁统计数据。

（3）**诚信无违纪**：统计期间的借阅活动无违纪、违规及其他不良记录情况。

（4）**参与图书馆活动**：向图书馆提出合理化建议，参加图书馆管理服务，能熟练利用图书馆文献信息资源，参与图书馆志愿者工作和其他读者活动。

2. 评选时间

即日起至 2016 年 5 月 10 日。

3. 奖项设置

"优秀读者" 20 名，颁发荣誉证书和奖品。

（七）图书馆勤工助学岗 "服务之星" 评选及座谈交流会

图书馆是学生读书学习的园地，也是其实现自我管理、自我服务的实习基地。勤工助学的学生们在图书馆的日常服务工作中默默奉献，为了激发更多的学生参与，提高服务质量，图书馆将在参与图书馆管理与服务的勤工助学岗学生中评选 "服务之星"，并给予表彰奖励。

活动期间，将邀请参与图书馆勤工助学岗的所有同学齐聚一堂，就各自的服务体验进行交流分享，并对图书馆的服务方式、服务质量、环境营造等建言献策。

1. **评选及参会对象**：图书馆勤工助学岗全体学生。

2. **评选条件**：遵守工作纪律，认真履行勤工助学岗岗位职责，按时到岗并完成工作任务，服务态度好，能对图书馆的服务提出合理意见和建议。

3. **奖项设置**：评选"服务之星"10 名，颁发证书和奖品。

4. **评选时间**：即日起至 2016 年 5 月 10 日。

5. **座谈会时间**：2016 年 5 月。

6. **地点**：安宁校区图书馆、莲华校区图书馆。

（八）读者座谈交流会

为了提高图书馆服务质量，广泛听取读者的意见和建议，拉近读者与图书馆、读者与读者之间的距离，系列活动期间，图书馆将组织读者代表就"经典润泽生命，好书伴我同行"主题进行座谈交流。

1. **参与对象**："书墨飘香"书画征选活动获奖者、"优秀读者"，以及其他热心读者。

2. **时间**：2016 年 5 月 19 日 14：00。

3. **地点**：安宁校区图书馆。

4. **内容**：读者代表们就系列活动主题畅谈交流，对图书馆服务和发展建设等提出宝贵意见和建议。

（九）颁奖仪式

在学校"2016 年世界读书日系列活动"结束后，主办单位将举行闭幕仪式，对本次活动进行总结和表彰。

1. **参与对象**：学校相关领导、图书馆相关工作人员、读者代表。

2. **时间**：2016 年 5 月 19 日 19：00。

3. **地点**：安宁校区图书馆。

4. **内容**：

（1）2016 年世界读书日系列活动总结。

（2）为"书墨飘香"书画展获奖者、"优秀读者"、图书馆"服务之星"获奖者颁奖。

（3）宣布活动结束。

二、传统活动实践

（一）开幕式

1. 开幕式致辞

（1）**致辞人**：昆明冶金高等专科学校副校长

昆明冶金高等专科学校党委委员　赵文亮

（2）**开幕词**

尊敬的王资校长，老师们、同学们：

晚上好！

在这春光明媚、百花盛开的时节，我们迎来了"昆明冶金高等专科学校2016 年世界读书日系列活动"的开幕，同时也是学海讲堂第 100 讲的活动。我谨代表学校对世界读书日系列活动暨《学海讲堂》第 100 讲的举办表示祝贺！在《学海讲堂》第 100 讲和 2016 年世界读书日系列活动开幕之际，我们非常荣幸地邀请到王校长给我们作讲座，对王校长的到来表示热烈的欢迎和诚挚的感谢！

1995 年，联合国教科文组织宣布 4 月 23 日为"世界读书日"，同时 4 月23 日也是西班牙著名作家塞万提斯和英国著名作家沙士比亚的辞世纪念日。世界读书日设立的目的在于"希望散居在全球各地的人们，无论你是年老还是年轻，无论你是贫穷还是富有，无论你是患病还是健康，都能享受阅读的乐趣，都能尊重和感谢为人类文明做出巨大贡献的文学、文化、科学思想大师们"。

苏联教育家苏霍姆林斯基说过："一个学校可以什么都没有，但不能没有图书馆。"在过去的3年里，我校图书馆联合校团委、学生处成功举办了3届世界读书日系列活动，在师生中的影响颇为广泛。希望同学们在今年的活动中，仍能够保持积极的参与热情，从书籍中得到心灵的慰藉，享受学习的快乐。"朝赏千篇，暮读万卷，古今中外尽在心间。"希望通过世界读书日系列活动的连续举办，能够培养同学们热爱阅读的习惯，让我们的"冶专"书香四溢，花开满园！

再次祝愿"2016年世界读书日"系列活动暨《学海讲堂》第100讲取得圆满成功！

2. 活动方案介绍

图5-1 活动开幕式

图 5-2 活动主题封面

序号	内容		时间
1	系列讲座活动	国际秩序新变化	4月20日19:00
		传统文化的社会功能及其在当代社会治理中的运用	5月19日19:00
2	"关注与分享•移动阅读"现场推广活动		5月5日
3	"好书齐分享"荐书活动		即日起至4月30日
4	"书墨飘香"书画征选活动		即日起至5月5日
5	"情寄书缘"寻书比赛活动		5月5日
6	"优秀读者"评选活动		即日起至5月10日
7	"服务之星"评选及座谈交流会		即日起至5月10日
8	读者座谈交流会		5月19日14:00
9	颁奖仪式		5月19日19:00

图 5-3 活动内容及时间

3. 报道

我校 2016 年"世界读书日"系列活动启动
暨《学海讲堂》第 100 讲开讲

在第 21 个世界读书日及《学海讲堂》第 100 讲来临之际，学校图书馆、学生处、校团委联合举办以"书香冶专"为主题的 2016 年世界读书日系列活动开幕式暨《学海讲堂》第 100 讲。活动于 4 月 20 日晚上 7:00 在安宁校区举行。校长王资、副校长赵文亮、校党委副书记李小薇、相关学院部门领导，以及师生代表参加了开幕式。开幕式由图书馆副馆长袁立坚主持。

开幕式上，图书馆播放了《历年读书日活动精彩回顾》视频。赵文亮副校长致开幕词，他代表学校对世界读书日系列活动暨《学海讲堂》第 100 讲的举办表示祝贺，并对讲堂第 100 讲邀请到王资校长作讲座表示了热烈的欢迎和诚挚的感谢。赵文亮为师生们介绍了世界读书日设立的目的，指出了阅读的重要性，与同学们分享了自己的阅读经历和感想，并希望同学们在今年的活动中，仍能够保持积极的参与热情，从读书活动中有所收获。同时，赵文亮也呼吁同学们通过多参与《学海讲堂》，多聆听专家学者们的智慧总结，以汲取前进的养分。图书馆馆长杨云介绍了本届读书日系列活动的内容和活动安排。

《学海讲堂》第 100 讲开讲之前，学生处播放了《学海讲堂精彩回顾》视频，处长杨永峰为师生们总结了讲堂开办以来的成果和经验。讲堂第 100 讲主讲人王资校长作了题为《当代国际秩序新变化》的专题讲座。王校长结合世界历史和地理相关内容，通过大量实例给同学们分析了国际秩序的建立、变化和发展，重点解读了国际秩序在政治和经济两方面的新变化。讲座进入尾声时，王校长耐心解答了同学们提出的问题，同时也谆谆教诲同学们应珍惜求学时光、认真上课听讲，同学们受益匪浅。最后，学海讲堂为参加此次活动的老师和同学们赠送了《学海讲堂》第 100 讲纪念书签。活动圆满结束。

图 5-4 昆明冶金高等专科学校原校长王资作讲座

图 5-5 赵文亮副校长致开幕词

图 5-6　合影

（二）专家讲座

1. 讲座一：当代国际秩序新变化

（1）活动发布

围绕"书香冶专"主题，邀请知名专家、学者作主题讲座，拓宽读者视野，汲取治学精神。

主　　题：当代国际秩序新变化

主讲人：王资（昆明冶金高等专科学校原校长）

时　　间：2016 年 4 月 20 日 19:00

地　　点：安宁校区第六阶梯教室

主　　办：学生工作部（处）图书馆

诚邀广大师生读者届时参与！

扫一扫关注图书馆微信 ，了解更多 "2016 年世界读书日系列

活动"，回复 "专家讲座" 了解更多活动相关内容。

（2）讲座内容

图 5-7 讲座内容

图 5-8 讲座一：当代国际秩序新变化

2. 讲座二：传统文化的社会功能及其在当代社会治理中的运用

围绕"书香冶专"主题，邀请知名专家、学者作主题讲座，拓宽读者视野，汲取治学精神。

主　题：传统文化的社会功能及其在当代社会治理中的运用

主讲人：赵世林（云南民族大学图书馆原馆长）

时　间：2016 年 5 月 19 日 19：00

地　点：安宁校区主教学楼第六阶梯教室

主　办：学生处、图书馆

专家简介：赵世林，男，云南民族大学图书馆原馆长，教授，博士后，博士研究生导师。曾任《云南民族大学学报》主编、云南民族大学云南省民族研究所原所长。主要从事社会学、民族文化研究。出版 6 部学术专著，发表学术论文 60 余篇，主持或参与国家级、省部级科研项目 20 余项。云南省高校原教学名师、云南省中青年学术技术带头人后备人才、云南民族大学特聘教授。兼任中国西南民族研究学会常务理事、中国民族学学会理事、云南省高校图工委副主任等。

（三）"好书齐分享"荐书活动

1. 活动发布

为使广大读者阅读到更多优质的书籍，学校图书馆将于 4 月 21—30 日举办"好书齐分享"荐书活动。

诚挚邀请全校师生读者届时参与推荐和指导！

（1）**荐书方式**：

方法一：扫描下方移动图书馆客户端，下载、登录手机移动图书馆（教师借书证号及密码均为一卡通工资编号、学生借书证号及密码均为学号），点击"图书荐购"图标，进行图书推荐。

方法二：扫描下方"图书荐购"二维码，进行图书推荐。

"图书荐购"二维码

（2）**荐书反馈：**

图书馆将对您所荐的书籍进行查询，并根据馆藏情况补订。同时，采用网络推广等方式及时向广大读者推荐、上架。

2. 报道

2016年世界读书日系列活动之
"好书齐分享"荐书活动顺利结束

为期10天的2016年世界读书日系列活动之"好书齐分享"荐书活动于4月30日顺利结束。

此次活动较上两届不同，荐书方式由原来的手工录入、系统网页录入到手机移动荐书。由于荐书方式灵活、方便，活动得到了广大师生读者的积极响应与认可，仅10天就收到80余条书目信息、100多次的推荐。图书馆也及时对相关书目进行了查询、补订。同时，此次所荐的书目将在今后的"每周好书推荐"栏目中，逐一向广大师生读者进行推荐与分享。

通过此次活动，图书馆与广大读者有了更多的交流与沟通。希望今后有更多的师生读者加入荐书活动中来，使图书馆能进一步了解读者的借阅需求和专业需要。同时，也为图书馆今后制订图书采购计划提供了有效的依据。

（四）"情寄书缘"寻书比赛活动

图书馆是知识的宝库、信息的海洋，如何在成千上万的书籍中找到自己想要的那本书，这需要娴熟的方法和技巧。为了让同学们更加了解图书的布局及图书查找方法，提高同学们喜爱阅读、喜爱图书馆的热情，我们将举办"情寄书缘"寻书比赛。

（1）**参与对象**：全校学生读者（勤工助学岗同学除外）。

（2）**主办单位**：图书馆。

（3）**报名方式**：

①发送关键字"报名"到图书馆微信公众平台进行报名。

②安宁校区图书馆服务台填写报名表报名。

（4）**报名截止时间**：即日起至 2016 年 5 月 4 日。

（5）**活动规则**：

①**活动形式**：在活动规定的 30 分钟时间内，参与者根据图书馆提供的书单，通过图书馆检索系统或移动图书馆手机客户端等，检索图书索取号，根据索取号找到指定图书，并抽出奖券兑换奖品。

②**活动时间**：2016 年 5 月 5 日 16：00—18：00。

③**活动地点**：安宁校区图书馆。

④**奖品设置**：设奖券 180 份，其中包括 2 份神秘奖品。

诚挚邀请全校读者届时参与活动！

扫一扫关注图书馆微信 ，了解更多"2016 年世界读书日系列

活动"，回复"寻书比赛"了解更多活动相关内容。

（五）"优秀读者"评选活动

2016 年世界读书日系列活动期间，为鼓励读者保持阅读的热情，图书馆

开展了 2015—2016 年度"优秀读者"评选活动。

依据读者年图书借阅量、年进馆次数等数据，图书馆评选出"优秀读者"20 名；通过对勤工助学岗人员的岗位履职情况、工作量、服务态度等方面的综合评定，评选出"服务之星"10 名。

（六）图书馆勤工助学岗"服务之星"评选及座谈交流会

1. 活动发布

图书馆是学生读书、学习的园地，也是其实现自我管理、自我服务的实习基地。勤工助学的学生们在图书馆的日常服务工作中默默奉献，为了鼓励更多的学生参与，提高服务质量，图书馆将在参与图书馆管理与服务的勤工助学岗学生中评选"服务之星"，并给予表彰奖励。

活动期间，将邀请参与图书馆勤工助学岗的所有同学齐聚一堂，就各自的服务体验进行交流分享，并对图书馆的服务方式、服务质量、环境营造等建言献策。

（1）**评选及参会对象：**图书馆勤工助学岗全体学生

（2）**评选条件：**遵守工作纪律，认真履行勤工助学岗岗位职责，按时到岗并完成工作任务，服务态度好，能对图书馆的服务提出合理意见和建议。

（3）**奖项设置：**评选"服务之星"10 名，颁发证书和奖品。

（4）**评选时间：**即日起至 2016 年 5 月 10 日

（5）**座谈会时间：**2016 年 5 月 10 日 19：00

（6）**地点：**安宁校区图书馆、莲华校区图书馆

2. 评选结果

通过对勤工助学岗人员的岗位履职情况、工作量、服务态度等方面的综合评定，评选出"服务之星"10 名。

3. 报道

图书馆举办 2016 年世界读书日系列
活动之勤工助学岗座谈交流会

为提高图书馆勤工助学岗的服务质量，增进岗位间的交流，搭建一个学生与图书馆、学生处的沟通平台，图书馆于 2016 年 5 月 10 日分别在莲华校区与安宁校区召开了勤工助学岗座谈交流会。

昆明冶金高等专科学校图书馆副馆长袁立坚、学生处原副处长常青青、图书馆文献管理中心主任李琼、图书馆读者服务中心主任和英及 16 名勤工助学岗学生参加了莲华校区座谈会。座谈会由李琼主持。袁立坚就勤工助学岗的用岗情况做了总结，对所有学生的辛勤付出表示了感谢。学生们踊跃发言，并就图书馆的馆藏建设、环境建设及信息建设方面提出很多可行性建议，如扩大周末开放区域，增设新书展示区，通过新媒体平台发布新书通报等。图书馆向学生们进行了认真的解答。常青青充分肯定了图书馆勤工助学岗学生在图书馆服务师生方面发挥的重要作用，并希望他们以后能珍惜岗位、踏实工作，为师生提供更优质的服务。

昆明冶金高等专科学校图书馆信息服务中心主任许琼、学生处原副处长李海涛及 21 名勤工助学岗学生参加了安宁校区座谈会。座谈会由许琼主持。许琼介绍了安宁校区勤工助学岗的基本情况。学生们对图书馆的工作提出了很多意见和建议，如增加图书馆布局指示图、扩大图书馆 Wi-Fi 的覆盖范围、更换损坏及模糊的书标、损坏书籍进行剔旧处理等。李海涛对勤工助学岗学生的工作表示了肯定，希望他们在关心、参与图书馆工作的同时，充分利用图书馆这一平台，增长知识、增强能力、增进才干。

座谈会的举办促进了图书馆、学生处、勤工助学岗学生三方之间的有效交流与沟通，方便了以后各项工作的开展。今后图书馆将充分调动勤工助学岗学生工作的积极性和主动性，努力提高图书馆的管理质量和服务水平，更好地为广大师生服务。

图 5-9 安宁校区世界读书日读者座谈会

图 5-10 莲华校区勤工助学岗座谈交流会

（七）读者座谈交流会

为了提高图书馆服务质量，广泛听取读者的意见和建议，拉近读者与图书馆、读者与读者之间的距离，2016 年世界读书日系列活动结束之际，图书馆将邀请读者代表就"书香冶专"主题进行座谈交流。

（1）**参与对象**："优秀读者"、勤工助学岗"服务之星"、"书墨飘香"书画征选活动获奖者，以及其他热心读者。

（2）**时间**：2016 年 5 月 19 日 14：00。

（3）**地点**：安宁校区图书馆。

（4）**内容**：读者代表们就系列活动主题畅谈交流，对图书馆服务和发展建设等提出宝贵意见和建议。

（八）颁奖仪式

1. 活动开展情况总结

图 5-11　闭幕式暨颁奖仪式

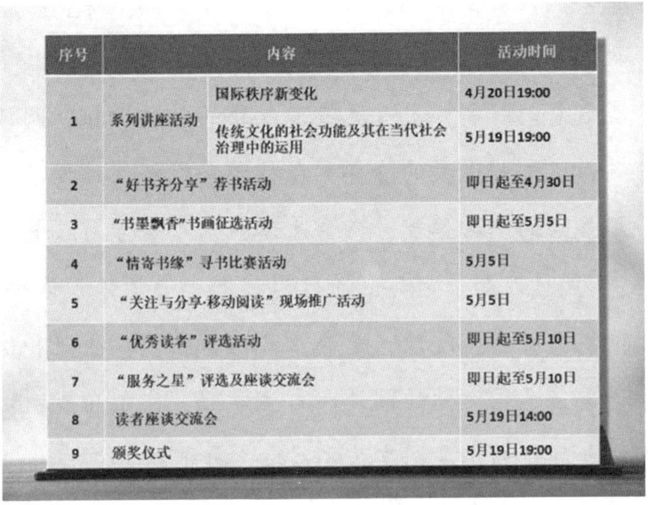

序号	内容		活动时间
1	系列讲座活动	国际秩序新变化	4月20日19:00
		传统文化的社会功能及其在当代社会治理中的运用	5月19日19:00
2	“好书齐分享”荐书活动		即日起至4月30日
3	“书墨飘香”书画征选活动		即日起至5月5日
4	“情寄书缘”寻书比赛活动		5月5日
5	“关注与分享·移动阅读”现场推广活动		5月5日
6	“优秀读者”评选活动		即日起至5月10日
7	“服务之星”评选及座谈交流会		即日起至5月10日
8	读者座谈交流会		5月19日14:00
9	颁奖仪式		5月19日19:00

图 5-12　活动内容

2. 闭幕式致辞

（1）**致辞人**：昆明冶金高等专科学校副校长

昆明冶金高等专科学校党委委员　赵文亮

（2）**闭幕词**

尊敬的赵世林教授，亲爱的老师们、同学们：

晚上好！

“书香冶专”，昆明冶金高等专科学校 2016 年世界读书日系列活动圆满结束了！我代表学校对世界读书日系列活动的成功举办表示祝贺！对云南民族大学图书馆赵馆长的到来表示欢迎和感谢！对组织本次活动的校图书馆、学生处、校团委，以及积极响应活动的老师同学们表示诚挚的感谢！

从 2013 年开始，图书馆连续举办了 4 届读书日系列活动。每年的读书日系列活动内容丰富：专家讲座、征文活动、优秀读者评选、寻书比赛等，吸引了越来越多的师生参加活动，图书馆的入馆人数和图书借阅量逐年增加。在活动中涌现出了许多优秀的读者，2015—2016 年度图书借阅量最高的读者达 276 册，进馆次数达 203 次。但同时我们也看到，学校整体的阅读情况还不够理想，学生的阅读更多依赖于网络阅读、手机阅读等，存在阅读面不够广泛、阅读层次浅等问题。

书籍是人类智慧的结晶，是人类不可或缺的精神食粮，阅读是人们重要的学习方式，是人类文明进步的阶梯。在社会和经济快速发展的今天，人的阅读能力是学习能力的重要体现，不会阅读就很难会学习。美国总统亚伯拉罕·林肯曾说："阅读比起任何其他的行为都更有力量释放你的能量。"大学时期正是人生最重要的学习阶段，是专业知识体系、人生观和价值观形成关键时期，同学们更应通过大量的阅读和自主学习，完善自我，培养坚定的信念、独立的人格和理性的态度，建立远大的志向并为之奋斗。

读书是快乐的，读书是幸福的。多读书，读好书，好读书，是我们的共同目标。为期1个月的读书日系列活动即将落下帷幕，但我们的读书热情不能减退，大家必须坚信，只要我们坚持阅读，必将取得收获。与好书相伴，我们的人生将绚丽多彩，与经典同行，我们的校园将充满希望。

最后，我代表学校再次祝贺2016年世界读书日系列活动圆满结束！

3. 报道

昆明冶金高等专科学校2016年世界读书日
系列活动圆满落幕

5月19日晚，昆明冶金高等专科学校2016年世界读书日系列活动之专家讲座暨《学海讲堂》第104讲、2016年世界读书日系列活动闭幕仪式在安宁校区主教学楼第六阶梯教室举行。昆明冶金高等专科学校副校长赵文亮、图书馆馆长杨云、学生处原副处长赵亚芳、校团委原副书记张丽娜以及师生代表等参加了闭幕仪式。闭幕仪式由图书馆副馆长袁立坚主持。

仪式开始前，围绕"书香冶专"的主题，云南民族大学图书馆原馆长赵世林作了题为《传统文化的社会功能及其在当代社会治理中的运用》的讲座。通过对文化的定义、基本功能、主要特征以及中国传统文化传承和传播的精彩讲解，激起了同学们对传统文化浓厚的学习兴趣。同学们对中国传统文化及其在当代社会治理中的运用有了深入的了解，领略了中国传统文化之美。

专家讲座结束后，闭幕仪式开始。图书馆播放了 2016 年世界读书日系列活动精彩回顾，杨云对本届世界读书日系列活动进行了总结。本次系列活动由图书馆联合校学生处、校团委共同举办，以"书香冶专"为主题，为期 29 天，共开展了 9 项活动。专家讲座共 2 场，邀请了昆明冶金高等专科学校原校长王资、云南民族大学图书馆原馆长赵世林做主讲，受到广大师生的欢迎。"关注与分享·移动阅读"推广活动，读者们在工作人员的指导下现场学习微信图书馆和移动图书馆的使用方法，通过关注图书馆微信和安装移动图书馆客户端获得现场抽奖机会。"好书齐分享"荐书活动共收到来自全校读者的 80 余条推荐书目，图书馆将整理出适合的推荐书目纳入采买计划，让读者分享更多好书。"书墨飘香"书画征选活动中，全校师生踊跃投稿，共收到书法作品 25 件、绘画作品 110 余件，42 名师生获奖。优秀作品将作为图书馆的永久收藏并展示于安宁校区图书馆。"情寄书缘"寻书比赛活动，同学们积极参与，不仅收获了奖品，还在活动中更加了解了图书馆的藏书布局及图书查找方法。为鼓励读者保持阅读热情，树校园读书之风，图书馆开展了"优秀读者"评选活动，参照 2015—2016 年度读者年图书借阅量、年进馆次数等数据，评选产生"优秀读者"20 名，其中年图书借阅量最高的读者借阅图书 276 册，年进馆次数最高者 203 次。图书馆勤工助学岗共 43 人，读书日系列活动期间图书馆召开了 2 场勤工助学岗座谈交流会，全体勤工助学学生参会交流，为图书馆服务质量的提升建言献策；同时，通过对在岗学生的履职情况、工作量、服务态度等方面的综合评定，图书馆评选并表彰了 10 名图书馆勤工助学岗"服务之星"。活动尾声的读者座谈交流会上，读者代表们互相分享阅读体验，并对图书馆的资源建设、服务、环境和发展建设等提出了宝贵意见。

颁奖仪式上，赵亚芳、张丽娜分别宣读了 2016 年世界读书日系列活动各项评选活动的获奖名单。出席闭幕式的领导、嘉宾为获奖者们颁发了奖状和纪念品，并与获奖者合影留念。

赵文亮副校长致闭幕词，他希望同学们珍惜在校的大好时光，以饱满的学习热情坚持阅读，让阅读成为一种习惯，不断完善自我，树立远大的志向并为之不懈奋斗。

图5-13　赵世林作主题讲座

图5-14　赵文亮副校长致闭幕词

2016年世界读书日系列活动已圆满落幕，但学校的读书活动还将继续，希望读书日活动为我们营造出一个书香四溢的校园文化氛围。

图 5-15 杨云总结读书日活动开展情况

图 5-16 嘉宾为获奖同学颁奖

图 5-17　嘉宾及工作人员合影

三、特色活动实践

（一）"关注与分享·移动阅读"现场推广活动

1. 活动发布

在移动互联网迅速发展的今天，移动阅读已得到多数人的接受和喜爱。我校图书馆目前已向读者开通了微信平台和移动图书馆服务。为推广移动阅读，图书馆将举办"关注与分享·移动阅读"现场推广活动。

（1）**参与对象**：全校师生。

（2）**主办单位**：图书馆。

（3）**活动时间**：2016 年 5 月 5 日 10：00—16：00。

（4）**活动地点**：安宁校区图书馆大厅。

（5）**活动内容**：现场成功关注图书馆微信和安装移动图书馆客户端，即可参与现场抽奖活动。

2. 报道

图书馆开展2016年世界读书日系列活动之
"关注与分享·移动阅读" 现场推广活动及 "情寄书缘" 寻书比赛

在世界读书日系列活动之际，图书馆于5月5日在安宁校区开展了"关注与分享·移动阅读"现场推广活动和"情寄书缘"寻书比赛活动。

"关注与分享·移动阅读"现场推广活动，旨在引导读者学会并使用图书馆的移动服务。活动从10:00持续到16:00。在工作人员的指导下，读者们学习了微信图书馆和移动图书馆的使用方法，通过关注图书馆微信和安装移动图书馆客户端获得现场抽奖机会。读者们积极参与，现场人气高涨，不时爆发出中奖同学们的欢呼声。该活动由北京世纪超星信息技术发展有限责任公司提供赞助。

图5-18 "关注与分享·移动阅读" 活动现场

"情寄书缘"寻书比赛活动旨在让同学们更加了解图书馆的藏书布局及图书查找方法。活动于16:00开始。图书馆的老师给参赛者们讲解了图书查找的方法并宣读比赛规则。参赛者们在图书馆老师和勤工助学岗同学的指导下，努力完成任务，现场气氛紧张而热烈。通过不懈努力，参赛者们纷纷找到了指定图书、凭书中奖券兑换了奖品。其中两名读者还获得了幸运大奖。

图 5-19 　"情寄书缘"寻书比赛活动现场（一）

图 5-20 　"情寄书缘"寻书比赛活动现场（二）

通过本次活动，读者们对图书馆的微信服务、移动阅读资源以及图书馆的藏书布局有了更深入的了解，图书检索能力得到了提高。

（二）"书墨飘香" 书画征选活动

书画是人类心灵的表达，是艺术的创造，是人类升华的审美和认知，拿起你的画笔，为我们书写你高远的意境，勾勒出你心中的美好吧。安宁校区图书馆二期建设现已完成，师生们的优秀作品将于活动结束后在安宁校区图书馆展出，你的作品将为我们的新书库增添色彩。

（1）**参与对象**：全校师生读者。

（2）**主办单位**：校团委、图书馆。

（3）**截稿日期**：2016 年 5 月 5 日。

（4）**活动要求**：

①**作品要求**：必须是自己亲笔的作品，且主题鲜明，格调高雅，健康向上。

②**表现方法**：书法作品仅限毛笔，书体不限；绘画作品画种不限。

③**作品主题**："书香冶专"。

④**参选方式**：参赛者无须报名，学生请把作品原件交至校团委，并附上姓名、学院、联系电话；教师请把作品原件交至图书馆，并附上姓名、部门、联系电话。

（5）**奖项设置**：书法作品及绘画作品分别设一等奖 2 名，二等奖 3 名，三等奖 5 名，优秀奖若干名，颁发相应的证书和奖品。

诚挚邀请全校师生读者届时参与活动！

四、活动总结

本届读书日系列活动为期 28 天，共举办 9 项活动：专家系列讲座活动、"关注与分享·移动阅读" 现场推广活动、"好书齐分享" 荐书活动、"书墨飘香"书画征选活动、"情寄书缘"寻书比赛活动、"优秀读者"评选活动、图书馆勤工助学岗"服务之星"评选及座谈交流会、读者座谈交流会和颁奖仪式。

活动期间共举办了两场专家讲座，第一场邀请了昆明冶金高等专科学校原校长王资作"当代国际秩序新变化"的讲座。王校长以国际秩序的定义为切入点展开讲座，指出国际秩序是指在一定世界格局基础上形成的国际行为规则和相应的保障机制。接着从国际秩序的建立与发展、主要力量的国际秩序观、国际秩序变革中的中国力量和国际秩序之争与未来发展方向四个方面展开了讲解。提出在国际秩序变革中，中国坚持维护世界和平、维护国际秩序，并通过"一带一路"倡议，对现行国际秩序进行了有益补充。讲座最后，王校长提醒同学们应珍惜的上学时光，热爱读书、认真学习、认真上好每一节课。今天我们又邀请了云南民族大学图书馆原馆长赵世林教授作题为《传统文化的社会功能及其在当代社会治理中的运用》的专题讲座。

随着移动阅读的发展和普及，图书馆也开通了微信平台和移动图书馆服务。为了推广移动阅读，读书日系列活动期间图书馆举办了"关注与分享·移动阅读"现场推广活动。读者们在现场工作人员的指导下学习微信图书馆和移动图书馆的使用方法，通过关注图书馆微信和安装移动图书馆客户端获得现场抽奖机会。读者们表现出了较强的参与度。

"好书推荐"是图书馆两年来着力推进的一项工作，我们通过"每周好书推荐"向读者推荐好书，受到师生们的热烈欢迎。在读书日系列活动期间我们开展了"好书齐分享"荐书活动，读者通过移动图书馆客户端向图书馆推荐好书，仅10天就收到了80余条书目信息。通过双向的推荐，搭建读者与图书馆沟通交流的桥梁，实现好书共享的目的。

本届活动组织了"书墨飘香"书画征选活动，共收到书法作品25件、绘画作品110余件，其中42人获奖。优秀作品将作为图书馆的收藏并展示于安宁校区图书馆。

为了让同学们更加了解安宁校区图书馆的图书布局和图书查找方法，引导同学们走进图书馆、使用图书馆，我们举办了"情寄书缘"寻书比赛。来自全校各学院的 90 余名同学参与了活动，找到了指定图书并凭书中奖券获得了奖品。

优秀读者评选活动共评出 20 名优秀读者，其中年借书量最高为 276 册，新生最高年借阅量为 210 册，年进馆次数最多者为 203 次。同时我们还评选了图书馆勤工助学岗"服务之星"10 名，他们认真履行工作职责，服务态度好，在图书馆的日常服务工作中默默奉献，对图书馆的工作做出了积极贡献。

今天下午，我们在图书馆组织了读者座谈交流会，读者代表们就系列活动主题畅谈交流，优秀读者交流读书心得，"服务之星"畅谈服务理念，书画征选活动获奖者交流创作心得，与会代表对图书馆服务和发展建设等提出了宝贵意见和建议。

现在，我们在这里举行 2016 年世界读书日系列活动闭幕及颁奖仪式，感谢所有参与的来宾。2016 年读书日系列活动将暂告一段落，但学校读书活动还将继续。希望我们的校园成为一个书香充盈的校园。

第六章 "书韵飘香，邂逅经典"
2017 年世界读书日系列活动

一、活动方案

书籍是人类进步的阶梯。在浩瀚的书卷里，博大精深的中华文化得以汇聚，光辉灿烂的民族精神得以传承，源远流长的华夏文明得以延续。2017 年世界读书日到来之际，为弘扬中华优秀传统文化，营造浓厚的校园阅读氛围，让更多读者走进图书馆、使用图书馆，图书馆、学生处、校团委将继续举办昆明冶金高等专科学校"书韵飘香，邂逅经典"2017 年世界读书日系列活动。现安排如下：

活动主题：书韵飘香，邂逅经典

宣传口号：品味书香经典　成就阅读梦想

　　　　　　书香熏染生命　经典润泽心灵

活动对象：全校师生读者

活动时间：2017 年 4 月 20 日（星期四）至 5 月 18 日（星期四）

欢迎关注图书馆微信公众号，了解活动详情，参与活动。

图书馆微信公众号二维码

活动内容：

（一）"名师导读"系列讲座活动

围绕"书韵飘香，邂逅经典"主题，邀请知名专家、学者到校作主题讲座，增强学生文化素养，拓宽学生知识面，提高阅读能力。

1. 专家讲座

主办单位：学生处、图书馆。

主题：勤于读书，精于思考，勇于创新。

主讲：赵文亮（昆明冶金高等专科学校原副校长）。

时间：2017 年 4 月 20 日 19：00。

地点：安宁校区主教学楼第六阶梯教室。

2. 专家讲座

主办单位：学生处、图书馆。

主题：情商·智商·搜商（EQ·IQ·SQ）。

主讲：李飞（昆明医科大学图书馆馆长）。

时间：2017 年 5 月 18 日 19：00。

地点：安宁校区主教学楼第六阶梯教室。

（二）"悦读心动"移动阅读现场推广活动

在新的互联网时代，良好的新媒体阅读素养是实现有效阅读的重要前提，大学生作为易于接受新生事物的群体，是新媒体阅读群中的主力军。随着大学生阅读方式的改变，我校图书馆目前已向读者开通了微信服务和移动图书馆服务，实现了阅读推广服务的网络化和多元化。为提高学生对图书馆数字新媒体资源的重视程度和利用效率，激发学生的学习兴趣，特举办"悦读心动"移动阅读现场推广活动。

1. **参与对象**：全校师生。

2. **主办单位**：图书馆。

3. **活动时间**：2017 年 5 月 3 日。

4. **活动地点**：安宁校区图书馆大厅。

5. **活动内容**：现场关注图书馆微信和安装资源客户端，即可参与即时抽奖活动。

（三）"学海无涯"好书征集活动

品读最优美的文字，感悟最精彩的人生。图书馆将举办世界读书日系列活动之"学海无涯"好书征集活动，让广大读者参与其中，推荐更多优质图书，分享知识与快乐。

1. **参与对象**：全校师生。

2. **主办单位**：图书馆。

3. **活动时间**：2017 年 4 月 20—30 日。

4. **荐书方式**：

方式一：进入图书馆微信公众号，点击"资源推荐"中的"图书荐购"按钮，即可进行图书推荐。

方式二：扫描下方"图书荐购"二维码，进行图书推荐；

方式三：点击手机移动图书馆左下角的"扫一扫"，扫描推荐图书的 ISBN 号（图书封底的条码即为书号），系统自动进行馆藏查重，对无馆藏的图书系统出现"推荐购买"按钮，点击该按钮，即可进行图书推荐。

"图书荐购"二维码

（四）"书韵飘香"温馨提示牌创意设计比赛

和谐的校园文化、浓郁的书香氛围要靠大家共同创建和维护。"4·23 世界读书日"期间，我们将举办图书馆温馨提示牌创意设计比赛，努力打造温馨的图书馆，更好地推进我校学风建设。

1. **参与对象**：全校师生读者。

2. **主办单位**：校团委、图书馆。

3. **截稿日期**：2017 年 5 月 5 日。

4. **活动要求**：

（1）**作品要求**：根据在图书馆中的所见所闻或感受，设计温馨提示语，语句生动，文辞简练优美，如"脚步轻轻，不扰他人"，并配上相应的图案设计，制作为温馨标语提示牌。

（2）**参赛方式**：参赛者无须报名，学生请把作品原件交至校团委（作品件数不限），并附上姓名、学院、班级、联系电话；教师请把作品原件交至图书馆，并附上姓名、部门、联系电话。

（3）入选的优秀作品将被图书馆采纳使用。

5. **评奖**：评选最佳创意奖 2 名、最佳设计奖 3 名、温馨达人奖 5 名和优秀奖若干名，颁发证书和奖品。

（五）"邂逅经典"中华好诗词鉴赏活动

经典在于传承，举办"邂逅经典"中华好诗词鉴赏活动，既是对中华传统文化的传承和发扬，也是让读者接受美的熏陶，为诗词爱好者打造一个展现个性风采的平台。

1. **参与对象**：全校师生读者。

2. **主办单位**：校团委、图书馆。

3. **截稿日期**：即日起至 2017 年 5 月 5 日。

4. **征文要求和提交方式**：

（1）紧扣"书韵飘香，邂逅经典"主题，以中华经典诗词为对象撰写鉴赏心得。题目自拟，体裁不限，内容积极向上、观点鲜明、结合实际、语言流畅、生动感人，不得抄袭。

（2）文档标题三号黑体居中，正文宋体、小四号字，行距 1.5 倍，A4 页面，字数以 800～2000 字为宜。

（3）注明作者姓名、学院、班级、联系电话、邮箱。

5. **征文评奖**：评选一等奖 3 名、二等奖 6 名、三等奖 10 名和优秀奖若干名，颁发相应的证书和奖品。

（六）"惠泽后学"图书捐赠活动

授人玫瑰，手有余香；捐出智慧，德可高尚。举办"惠泽后学"图书捐赠活动，意在让广大读者分享阅读乐趣的同时共享知识，让知识和智慧串联起来，使更多后来的读者从中受益，在知识的传承和交流方面发挥积极的作用。

1. **参与对象**：全校师生。

2. **主办单位**：校团委、图书馆。

3. **捐赠时间**：2017 年 4 月 20 日至 5 月 18 日。

4. **捐赠地点**：安宁校区图书馆服务大厅。

莲华校区图书馆一楼文献管理中心

（七）"书蕴沉香" 寻书比赛

茫茫书海，浩瀚无垠，如何在书海中畅行无阻地找到自己想要的书籍，还需要娴熟的方法和技巧。届时我们将举办"书蕴沉香"寻书比赛，助您迈向"索书达人"之路！

1. **参与对象**：全校学生读者（勤工助学岗同学除外）。

2. **主办单位**：图书馆。

3. **报名方式**：可直接到安宁校区图书馆服务台报名，也可在图书馆微信公众号内输入"报名"进行报名。报名截止时间：即日起至 2017 年 5 月 3 日（星期三）。

4. **活动规则**：

（1）**活动形式**：在活动规定的 30 分钟时间内，参与者根据图书馆提供的书单，通过图书馆检索系统或移动图书馆手机客户端等方法检索出图书在书库中的位置后，在书架上找到指定图书，并抽出夹在书中的奖券。寻宝活动结束后凭奖券兑奖（每人限领 2 份）。

（2）**活动时间**：2017 年 5 月 3 日（星期三）16：00—18：00。

（3）**活动地点**：安宁校区图书馆。

（4）**奖品设置**：设奖券 180 份，其中包括 2 份神秘奖品。

（八）"读者之星" 优秀读者评选

图书馆是学校的文献信息中心，是课堂之外的教学补充，是学校教育系统中的重要组成部分。面向全校学生读者开展"读者之星"优秀读者评选活动，通过树立榜样鼓励学生多读书、读好书，激发同学们对读书的热情，不断充实自己，提高自身的综合素质。

1. **参与对象**：全校学生读者。

2. **主办单位**：图书馆。

3. **评选条件**：

（1）**书刊借阅量大**：主要参考读者 2016—2017 年度借阅图书的统计情况。

（2）**入馆次数**：参考图书馆 2016—2017 年度门禁统计数据。

（3）**诚信无违纪**：统计期间的借阅活动无违纪、违规及其他不良记录情况。

（4）**参与图书馆活动**：向图书馆提出合理化建议，参加图书馆管理服务，能熟练利用图书馆文献信息资源，参与图书馆志愿者工作和其他读者活动。

4. **评选时间**：即日起至 2017 年 5 月 10 日。

5. **奖项设置**："优秀读者" 20 名，颁发荣誉证书和奖品。

（九）"服务之星" 图书馆优秀勤工助学学生评选及座谈交流会

图书馆是学生读书学习的园地，更是其实现自我管理、自我服务的实习基地。大学生参与图书馆勤工助学工作，一方面开阔了视野，扩大了知识面；另一方面可提前接触社会，积累工作经验。因此，图书馆将在参与图书馆管理与服务的勤工助学岗学生中评选 "服务之星"，并给予表彰奖励，激发更多的学生参与其中，提高服务质量。

活动期间，将邀请参与图书馆勤工助学岗的所有同学齐聚一堂，就各自的服务体验进行交流分享，并对图书馆业务情况和服务内容建言献策，进一步提高图书馆的工作效率和总体服务质量。

1. **评选及参会对象**：图书馆勤工助学岗全体学生。

2. **主办单位**：图书馆、学生处。

3. **评选条件**：坚持原则，认真做好本职工作；接待读者礼貌热情，行为举止文明得体；提供的服务准确、可以信任；能对图书馆的服务提出合理意见和建议。

4. **奖项设置**：评选 "服务之星" 10 名，颁发证书和奖品。

5. **评选时间**：即日起至 2017 年 5 月 10 日。

6. 座谈会时间：2017 年 5 月。

7. 座谈会地点：安宁校区图书馆、莲华校区图书馆。

（十）"读者之声"读者座谈交流会

图书馆积极听取和采纳读者的意见和建议，是提高服务质量的有效途径。系列活动期间，图书馆将组织读者代表就"书韵飘香，邂逅经典"主题进行座谈交流，拉近读者与图书馆、读者与读者之间的距离，完善服务工作。

1. **参与对象**：温馨提示牌创意设计比赛获奖者、中华好诗词鉴赏活动获奖者、优秀读者，以及其他热心读者。

2. **主办单位**：图书馆。

3. **时间**：2017 年 5 月 18 日 14：00。

4. **地点**：安宁校区图书馆。

5. **内容**：读者代表们就系列活动主题畅谈交流，对图书馆服务和发展建设等提出宝贵意见和建议。

（十一）颁奖仪式

在学校 2017 年世界读书日系列活动尾声，主办单位将举行闭幕仪式，对本次活动进行总结和表彰。

1. **参与对象**：学校相关领导、图书馆相关工作人员、读者代表。

2. **主办单位**：图书馆、学生处、校团委。

3. **时间**：2017 年 5 月 18 日 19：00。

4. **地点**：安宁校区图书馆。

5. **内容**：

（1）2017 年世界读书日系列活动总结。

（2）为"书韵飘香"温馨提示牌创意设计比赛、"邂逅经典"中华好诗词鉴赏活动获奖者，以及"读者之星"、图书馆"服务之星"颁奖。

（3）宣布活动结束。

二、传统活动实践

（一）开幕式

1. 开幕式致辞

（1）**致辞人：**昆明冶金高等专科学校图书馆馆长　杨云

（2）**开幕词**

尊敬的各位领导、老师们、同学们：

晚上好！

一年之计在于春，从春日吐艳的花蕊里发现生命的力量，在蹁跹的蝴蝶翅膀上感受奇幻的光影。在这春花烂漫的时节，我们迎来了"昆明冶金高等专科学校2017年世界读书日系列活动"的开幕，同时也是《学海讲堂》第126讲的活动。我谨代表学校对世界读书日系列活动暨《学海讲堂》第126讲的举办表示祝贺！在《学海讲堂》第126讲和2017年世界读书日系列活动开幕之际，我们非常荣幸地邀请到赵副校长给我们作讲座，对赵副校长的到来表示热烈的欢迎和诚挚的感谢！

为鼓励世人，尤其是年轻人去发现阅读的乐趣，并对那些为促进人类社会和文化进步做出不可替代贡献的人表示敬意，1995年，联合国教科文组织宣布4月23日为"世界读书日"。同时，这一天也是西班牙著名作家塞万提斯和英国著名作家莎士比亚的辞世纪念日，又是美国作家纳博科夫、法国作家莫里斯·德鲁昂、冰岛诺贝尔文学奖得主拉克斯内斯等多位文学家的生日。每年，在"世界读书日"这一天，世界100多个国家都会举办各种各样的庆祝仪式和图书宣传活动。

我校图书馆在过去的4年里，联合校团委、学生处成功举办了4届世界读书日系列活动，在全校师生中的影响颇为广泛。文学大师博尔赫斯曾说过："这世上如果有天堂，天堂应该是图书馆的模样。"图书馆是知识的殿堂，是读者的精神家园。希望通过世界读书日系列活动的连续举办，能够传播中华民族的传统文化，弘扬国学经典，打造书香冶专，让读者从中国传统经典中汲取为人处世、修身养性的正能量。希望在 2017 年的世界读书日系列活动中，同学们能够继续保持积极的参与热情，让经典阅读走进生活，融入心灵。

四月春光正美好，正是一年读书时，我们不仅要仰望星空，而且要脚踏实地。希望大家再接再厉，继续书写属于我们昆明冶专的篇章。最后祝愿2017 年世界读书日系列活动暨《学海讲堂》第 126 讲取得圆满成功！

2. 活动方案介绍

2017 年世界读书日系列活动简介

图 6-1　活动开幕式

图 6-2　活动主题

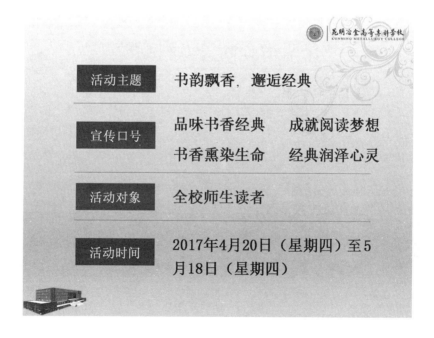

图 6-3　活动详情

序号	内容		牵头部门	活动时间
1	"名师导读"系列讲座活动	勤于读书，精于思考，勇于创新	学生处 图书馆	4月20日19:00
		情商·智商·搜商		5月18日19:00
2	"书韵飘香"温馨提示牌创意设计比赛		校团委 图书馆	即日起至5月5日
3	"邂逅经典"中华好诗词鉴赏心得征集活动		校团委 图书馆	即日起至5月5日
4	"学海无涯"好书征集活动		图书馆	4月20日开始（活动长期开展）
5	"惠泽后学"图书捐赠活动		校团委 图书馆	4月20日开始（活动长期开展）
6	"悦读心动"移动阅读现场推广活动		图书馆	5月3日
7	"书蕴沉香"寻书比赛		图书馆	5月3日16:00—18:00
8	"读者之星"优秀读者评选		图书馆	5月
9	"服务之星"图书馆优秀勤工助学学生评选及座谈交流会		图书馆 学生处	5月
10	"读者之声"读者座谈交流会		图书馆	5月18日14:00
11	颁奖仪式（读书日活动闭幕式）		图书馆	5月18日19:00

图6-4 活动内容及时间

3. 报道

我校启动2017年"世界读书日"系列活动

暨《学海讲堂》第126讲开讲

4月20日晚，在第22个世界读书日来临之际，图书馆、学生工作部（处）、校团委联合在安宁校区举办了以"书韵飘香，邂逅经典"为主题的2017年世界读书日系列活动启动仪式暨《学海讲堂》第126讲。昆明冶金高等专科学校副校长赵文亮、图书馆馆长杨云、学生处原副处长赵亚芳、相关学院和部门负责人以及师生代表参加了启动仪式。启动仪式由图书馆文献管理中心主任李琼主持。

仪式上，杨云代表学校对世界读书日系列活动暨《学海讲堂》第126讲的举办表示祝贺，并对讲堂第126讲邀请到赵副校长作讲座表示欢迎和感谢。杨云介绍了设立世界读书日的目的，并希望通过举办读书日系列活动，让更多的读者走进图书馆、使用图书馆。同时，她希望全校师生读者能更多更深入地投入读书活动中，让浓浓书香飘溢在我们的校园。图书馆文献管理中心副主任肖萌介绍了本届读书日系列活动的内容及安排。

《学海讲堂》第 126 讲，由赵文亮为大家作题为《勤于读书，精于思考，善于行动，勇于创新》的专题讲座。赵文亮通过列举实例，说明了读书的重要作用，阐述了读书与职业的发展关系，激励同学们要勤于读书。他用幽默诙谐的语言，以六祖慧能的故事，告诫同学们凡事要精于思考，要有悟性，并引出了对职业、职业教育、高等职业教育等问题的思考，提出了关于职业能力的分级以及隐性知识转化为显性知识的方式。同时提出，善于行动是前进的基础，教育同学们要善于抓住问题、调查研究、解决问题、推动发展。赵副校长还通过介绍昆明冶专师生创新创造典型案例，鼓励大家要勇于创新。

图6-5　赵文亮作主题讲座

讲座最后，赵副校长期望同学们勤于读书、精于思考、善于行动、勇于创新，提高职业能力、推进职业成长、成就职业梦想。

图 6-6　杨云介绍读书日活动方案

图 6-7　嘉宾及工作人员合影

（二）"名师导读"系列讲座活动

1. 讲座一：勤于读书，精于思考，善于行动，勇于创新

围绕"书韵飘香，邂逅经典"主题，邀请知名专家、学者作主题讲座，增强学生文化素养，拓宽学生知识面，提高阅读能力。

主　题：勤于读书，精于思考，善于行动，勇于创新。

主讲人：赵文亮（昆明冶金高等专科学校原副校长）。

时　间：2017 年 4 月 20 日 19：00。

地　点：安宁校区第六阶梯教室。

牵头部门：学生处、图书馆。

内容简介：以案例、故事和个人经历作为引导，鼓励同学们勤于读书，精于思考，善于行动，勇于创新，培养良好的读书习惯。希望同学们在学习中发现问题，学会独立思考，在实践中敢作敢想，培养创新精神。

专家简介：赵文亮，男，昆明冶金高等专科学校原副校长，首届"云岭名师"和"云南省高校教学名师"，全国测绘地理信息职业教育教学指导委员会副主任委员，云南省测绘学会副理事长。作为教育部高等教育测绘学科教学指导委员会副主任委员、教育部高等教育高职高专测绘类专业教学指导委员会主任委员，策划设计了第一套全国高职高专测绘教材。主编主审多本教材。发表论文数篇。策划并主持方案设计，和同事一起使昆明冶专测绘专业成为云南省第一个教育部改革试点专业，"控制测量"课程建设成为云南省高职高专第一批国家精品课程。

诚邀广大师生读者届时参与！

2. 讲座二：正确面对网络信息——做优秀大学生

围绕"书韵飘香，邂逅经典"主题，邀请知名专家、学者作主题讲座，增强学生文化素养，拓宽学生知识面，提高阅读能力。

主　题：智商、情商与搜商。

主讲人：李飞（昆明医科大学图书馆馆长）。

时　间：2017 年 5 月 18 日 19：00。

地　点：安宁校区第六阶梯教室。

牵头部门：学生处、图书馆。

内容简介：介绍智商、情商的定义和起源，以及影响智商、情商的因素，分析智商和情商的关系。指出在搜索时代，搜商作为与智商、情商并列的人类智力因素，是一种人类通过搜索工具获取知识的能力。提高搜商有利于提高大学生的信息素养。

专家简介：李飞，教授，硕士研究生导师，昆明医科大学图书馆馆长。从事基础医学教学及科研工作 30 余年，主持或参与国家、省厅级科研项目 10 余项，获云南省科技进步三等奖一项，公开发表学术论文 30 余篇。任云南省免疫学会常务理事，云南省高校图工委副主任委员，云南省图书馆学会常务理事。

在专家讲座结束后，将举行 2017 年世界读书日系列活动闭幕仪式，对本次活动进行总结和表彰。为"读者之星"、图书馆"服务之星"、"邂逅经典"中华好诗词鉴赏活动、"书韵飘香"温馨提示牌创意设计比赛获奖者颁奖。

（三）"悦读心动"移动阅读现场推广活动

在新的互联网时代，良好的新媒体阅读素养是实现有效阅读的重要前提，大学生作为易于接受新生事物的群体，是新媒体阅读群中的主力军。随着大学生阅读方式的改变，我校图书馆目前已向读者开通了微信服务和移动图书馆服务，实现了阅读推广服务的网络化和多元化。为提高学生对图书馆数字新媒体资源的重视程度和利用效率，激发学生的学习兴趣，特举办"悦读心动"移动阅读现场推广活动。

1. **参与对象**：全校师生。

2. **牵头部门**：图书馆。

3. **活动时间**：2017 年 5 月 3 日。

4. **活动地点**：安宁校区图书馆大厅。

5. **活动内容**：现场关注图书馆微信和安装资源客户端，即可参与即时抽奖活动。

欢迎关注图书馆微信公众号，了解活动详情，参与活动。

图书馆微信公众号二维码

（四）"学海无涯"好书征集活动

品读最优美的文字，感悟最精彩的人生。图书馆将举办世界读书日系列活动之"学海无涯"好书征集活动，让广大读者参与其中，推荐更多优质图书，分享知识与快乐。

1. **参与对象**：全校师生。

2. **牵头部门**：图书馆。

3. **活动时间**：4 月 20—30 日。

4. **荐书方式**：

方式一：进入图书馆微信公众号，点击"资源推荐"中的"图书荐购"按钮，即可进行图书推荐。

方式二：扫描下方"图书荐购"二维码，进行图书推荐。

方式三：点击手机移动图书馆左下角的"扫一扫"，扫描推荐图书的 ISBN 号（图书封底的条码即为书号），系统自动进行馆藏查重，对无馆藏的图书系统出现"推荐购买"按钮，点击该按钮，即可进行图书推荐。

图书馆微信公众号二维码　　　"图书荐购"二维码

（五）"惠泽后学"图书捐赠活动

1. 活动发布

授人玫瑰，手有余香。捐出智慧，德可高尚。举办"惠泽后学"图书捐赠活动，意在让广大读者分享阅读乐趣的同时共享知识，让知识和智慧串联起来，使更多后来的读者从中受益，在知识的传承和交流方面发挥积极的作用。我们衷心期待您的参与！

（1）**参与对象**：全校师生

（2）**牵头部门**：校团委、图书馆

（3）**捐赠时间**：即日开始（活动长期开展）

（4）**捐赠地点**：安宁校区图书馆服务大厅

莲华校区图书馆一楼文献管理中心

2. 捐书倡议书

亲爱的读者：

书籍是人类进步的阶梯，是获取知识的源泉，是开启智慧的钥匙。时光荏苒，我们总有一些旧书积存，相信每一位爱书的人都希望自己的书籍能在渴望求知的人群当中传阅，与他人一起探索知识的奥秘。

为建设节约型校园，充实学校图书资源，展现广大读者的感恩意识和奉献精神，学校图书馆面向全校师生读者开展爱心捐书活动，把你们凝聚着知识与智慧的图书作为一份珍贵的礼物捐赠给图书馆，让更多的读者能够分享您的收藏，把更多的知识散播到校园的每一个角落。

图书馆感谢各位读者能一如既往地支持我们的工作，希望您能把闲置的书籍捐献给学校，符合收藏条件的图书我们将入藏到图书馆，不符合收藏条件的图书将会放到图书漂流区进行漂流，让更多的同学能分享到你们所传递的知识！

赠人玫瑰，手留余香。捐出书籍，共享智慧。每一册捐书，都代表着您对学校的一份真心，都是对学校发展的莫大支持！

我们衷心期待您的参与！

捐赠时间：即日开始（活动长期开展）

捐赠地点：安宁校区图书馆服务大厅

莲华校区图书馆一楼文献管理中心

对您的爱心和支持，再次表示衷心的感谢！

昆明冶金高等专科学校图书馆

二〇一七年四月

（六）"书蕴沉香"寻书比赛

1. 活动发布

茫茫书海，浩瀚无垠，如何在书海中畅行无阻地找到自己想要的书籍，这需要娴熟的方法和技巧。我们将举办"书蕴沉香"寻书比赛，助您迈向"索书达人"之路！

（1）**参与对象**：全校学生读者（图书馆勤工助学岗同学除外）。

（2）**牵头部门**：图书馆。

（3）**报名方式**：通过"第二课堂"报名。报名时间：2017年4月28日。

（4）**活动规则**：

①**活动形式**：在活动规定的时间内，参与者根据图书馆提供的书单，通过图书馆检索系统或移动图书馆手机客户端等方法检索出图书在书库中的位置后，在书架上找到指定图书，并抽取书中奖券兑换奖品（每人限领2份）。

②活动时间：2017 年 5 月 3 日（星期三）16：00—18：00。

③活动地点：安宁校区图书馆。

④奖品设置：设奖券 180 份，其中包括 2 份神秘奖品。

2. 报道

图书馆开展 2017 年世界读书日系列活动之 "悦读心动"
移动阅读现场推广活动及 "书蕴沉香" 寻书比赛

为了引导学生多读书、读好书，由图书馆举办的 2017 年世界读书日系列活动之 "悦读心动" 移动阅读现场推广活动及 "书蕴沉香" 寻书比赛于 5 月 3 日在安宁校区举行。学生通过 "第二课堂" App 报名参加，并通过现场扫码签到获得积分。近 500 名同学参与了活动。

"悦读心动" 移动阅读现场推广活动，旨在引导读者学会和使用图书馆的移动服务，掌握新的自主学习方法。活动从 10：00 一直持续到 15：00。在工作人员的指导下，参加活动的同学学习了中科多媒体教育资源数据库的使用方法，并参与现场抽奖。现场学习气氛浓厚、轻松。

旨在让学生了解图书馆的藏书布局及图书查找方法的 "书蕴沉香" 寻书比赛于 16：00 开始。为了让同学们掌握快速查找图书的方法，活动开始前，图书馆信息服务中心的李永宁老师对参赛学生进行了培训。在图书馆老师和勤工助学岗学生的指导下，参赛同学专心寻书，参赛热情持续高涨。经过两个小时紧张而激烈的比赛，同学们纷纷找到了指定图书及奖券，并凭奖券兑换了奖品。其中，两名学生获得了幸运大奖。

本次活动，加深了同学们对图书馆资源的了解，通过寻书比赛掌握了查找图书的方法和技巧，对学生正确、充分、高效地利用图书馆的文献资源，起到了积极的作用。

图6-8 工作人员指导同学使用图书馆移动服务

图6-9 "悦读心动"移动阅读推广活动现场

图 6-10 参赛同学正在寻找奖券

图6-11 兑换奖品

（七）"读者之星"优秀读者评选

1. 活动发布

图书馆是教书育人的重要场所，是课堂之外的教学补充。图书馆面向全校学生读者开展"读者之星"优秀读者评选活动，通过树立榜样，鼓励学生多读书、读好书，激发同学们对读书的热情，不断充实自己，提高自身的综合素质。

（1）**参与对象**：全校学生读者。

（2）**牵头部门**：图书馆。

（3）**评选条件**：

①书刊借阅量大：参考读者2016—2017年度借阅图书的统计情况。

②入馆次数：参考图书馆 2016—2017 年度门禁统计数据。

③诚信无违纪：统计期间的借阅活动无违纪、违规及其他不良记录情况。

④参与图书馆活动：向图书馆提出合理化建议，参加图书馆管理服务，能熟练利用图书馆文献信息资源，参与图书馆志愿者工作和其他读者活动。

（4）**评选时间**：2017 年 5 月 10 日。

（5）**奖项设置**："优秀读者" 20 名，颁发荣誉证书和奖品。

2. 评选结果

2017 年世界读书日系列活动期间，为鼓励读者保持阅读的热情，树立读书榜样，图书馆开展了 2016—2017 年度 "读者之星" 优秀读者评选活动。

依据读者年图书借阅量、年进馆次数等数据，图书馆评选出 "读者之星" 20 名。

（八）"服务之星" 图书馆优秀勤工助学学生评选及座谈交流会

1. 活动发布

图书馆是学生读书学习的园地，更是其实现自我管理、自我服务的实习基地。大学生参与图书馆勤工助学工作，一方面开阔了视野，扩大了知识面；另一方面可提前接触社会，积累工作经验。因此，图书馆将在参与图书馆管理与服务的勤工助学岗学生中评选 "服务之星"，并给予表彰奖励，激发更多的学生参与其中，提高服务质量。

活动期间，将邀请参与图书馆勤工助学岗的所有同学齐聚一堂，就各自的服务体验进行交流分享，并对图书馆业务情况和服务内容建言献策，进一步提高图书馆的工作效率和总体服务质量。

（1）**评选及参会对象**：图书馆勤工助学岗全体学生。

（2）**牵头部门**：图书馆、学生处。

（3）**评选条件**：坚持原则，认真做好本职工作；接待读者礼貌热情，行为举止文明得体；提供的服务准确、可以信任；能对图书馆的服务提出合理意见和建议。

（4）**奖项设置**：评选"服务之星"10 名，颁发证书和奖品。

（5）**评选时间**：2017 年 5 月 10 日。

（6）**座谈会时间**：2017 年 5 月 11 日 19：00。

（7）**座谈会地点**：安宁校区图书馆、莲华校区图书馆。

2. 评选结果

通过对勤工助学岗学生的岗位履职情况、工作量、服务态度等方面的综合评定，评选出"服务之星"10 名。

3. 报道

图书馆举办 2017 年世界读书日系列活动之
勤工助学岗座谈交流会

一年一度的图书馆勤工助学工作座谈会如期而至，为有效地管理好勤工助学岗的学生，提升在岗学生服务意识，提高服务质量，增进岗位交流，图书馆于 2017 年 5 月 11 日 19：00，分别在安宁校区与莲华校区召开了勤工助学岗座谈交流会。

安宁校区座谈会有图书馆信息服务中心主任许琼、学生处副处长常青青及 21 名勤工助学学生参加。许琼首先介绍了图书馆勤工助学工作的开展情况，就勤工助学工作中取得的成绩和出现的问题给予了总结。此后，同学们分别发言，为图书馆的建设献计献策，提出了很多宝贵意见。最后，常青青做了总结讲话，介绍了学校的勤工助学开展情况和学校奖助学金的发放情况，对图书馆奖助学工作所取得的成绩给予了肯定，并勉励同学们一定要好好利用来之不易的勤工助学机会，在减轻经济负担的同时，培养和提高自己，利用工作磨炼自己好的工作作风和品质，为将来走向社会积蓄能量。

图书馆直属党支部原书记袁立坚、学生处资助中心老师高亚杰、图书馆读者服务中心原主任和英、图书馆文献管理中心原主任李琼及 17 名勤工助学学生参加了莲华校区座谈会。袁立坚介绍了莲华校区勤工助学岗的基本情况，就勤工助学岗使用情况做了总结，对所有学生的辛勤付出表示了感谢。其他图书馆老师就各自勤工助学岗工作开展情况进行了汇报，为他们今后的工作指出了努力的方向。会议中同学们敞开心扉，踊跃发言，把自己在图书馆工作的经历和心得与大家分享，并对图书馆未来的工作提出了许多宝贵的意见，图书馆老师向学生们进行了认真的解答，并提出图书馆的发展意向。高亚杰就勤工助学岗补助的发放流程做了介绍，对在图书馆勤工助学岗的工作给予肯定，希望同学们做好图书馆与师生读者间的纽带，为师生提供更优质的服务。

　　本次座谈会，为勤工助学的新老学生提供了相互交流和学习的机会，调动了勤工助学学生工作的积极性和主动性，为新学期的实践工作打下了坚实的基础。

图 6-12　安宁校区勤工助岗座谈交流会

图 6-13 莲华校区勤工助岗座谈交流会

（九）"读者之声"读者座谈交流会

积极听取和采纳读者的意见和建议，是图书馆提高服务质量的有效途径。为拉近读者与图书馆、读者与读者之间的距离，完善服务工作，2017 年世界读书日系列活动结束之际，图书馆将组织读者代表就"书韵飘香，邂逅经典"主题进行座谈交流。

1. **参与对象**："书韵飘香"温馨提示牌创意设计比赛获奖者、"邂逅经典"中华好诗词鉴赏活动获奖者、"读者之星"、"服务之星"以及其他热心读者。

2. **牵头单位**：图书馆。

3. **时　　间**：2017 年 5 月 18 日 14：00。

4. **地　　点**：安宁校区图书馆。

5. **内　　容**：读者代表们就系列活动主题畅谈交流，对图书馆服务和发展建设等提出宝贵意见和建议。

（十）颁奖仪式

1. 闭幕式致辞

（1）**致辞人**：昆明冶金高等专科学校副校长 昆明冶金高等专科学校党委委员 赵文亮

（2）**闭幕词**

尊敬的李飞教授，亲爱的老师们、同学们：

晚上好！

"书韵飘香，邂逅经典"昆明冶金高等专科学校 2017 年世界读书日系列活动，今天就要圆满落下帷幕了。我谨代表学校对世界读书日系列活动的成功举办表示祝贺！对昆明医科大学图书馆李飞馆长的到来表示欢迎和感谢！对组织本次活动的校图书馆、学生处、校团委，以及积极参与各项活动的老师、同学们表示衷心的感谢！

我国著名教育家朱永新教授曾说过："一个人的精神发育史，就是一个人的阅读史，而一个民族的精神发育水平，在很大程度是取决于这个民族的阅读状况。读书是传承文明的桥梁，是延续文化的中介。充实而有意义的人生，应该伴随着读书而发展。"阅读是一项全面的智力活动，更是一种内在的陶冶教育。阅读不仅丰富了我们的知识，而且让我们学会理性思考，获得感情的体验和艺术的熏陶。在社会和经济快速发展的今天，人的阅读能力是学习能力的重要体现，不会阅读就很难会学习。大学时期正是人生最重要的学习阶段，是专业知识体系、人生观和价值观形成关键时期，同学们更应通过大量的阅读和自主学习，完善自我，培养坚定的信念、独立的人格和理性的态度，建立远大的志向并为之奋斗。

从 2013 年开始，图书馆连续举办了 5 届读书日系列活动。每年的读书日系列活动内容丰富：专家讲座、移动阅读现场推广、好书推荐、优秀读者评选、寻书比赛等，吸引了越来越多的师生参加活动。世界读书日系列活动已经成为学校文化建设中一项充满活力的活动。一直以来，学校高度重视师生的学习和阅读工作，全面支持图书馆资源建设发展，加强图书馆阅读环境的改善和美化，积极促进学生阅读兴趣和能力的提高。本届世界读书日系列活动，由校方发布活动通知，得到了广大师生的广泛参与和支持。在活动中涌现出了许多优秀的读者，2016—2017 年度图书借阅量最高的读者达 117 册，入馆次数最高的达 247 次。此次活动的成功举办，不仅培养了学生自主阅读学习能力，同时推进了校园文化建设。

读书是快乐的，读书是幸福的。多读书，读好书，好读书，是我们的共同目标。为期一个月的读书日系列活动即将落下帷幕，但它不应该仅仅画上一个圆满的句号，更应该作为一个新的起点。我热忱期待浓郁的书香能够充盈校园的每一个角落，使师生共读书成为我校的一道亮丽而永恒的风景线。与好书相伴，我们的人生将绚丽多彩；与经典同行，我们的校园将充满希望。

最后，我代表学校再次祝贺 2017 年世界读书日系列活动圆满结束！

2. 报道

我校 2017 年世界读书日系列活动落下帷幕

5 月 18 日晚，图书馆、学生工作部（处）、校团委联合在安宁校区举办了昆明冶金高等专科学校 2017 年世界读书日系列活动闭幕仪式暨《学海讲堂》第 130 讲。昆明冶金高等专科学校副校长赵文亮、昆明医科大学图书馆原馆长李飞、昆明冶金高等专科学校图书馆馆长杨云、图书馆直属党支部原书记袁立坚、学生处原副处长张丽娜以及师生代表等参加了闭幕仪式。闭幕仪式由图书馆文献管理中心原主任李琼主持。

《学海讲堂》第 130 讲邀请了李飞为师生们做了题为《智商·情商·搜商》的讲座。他为大家介绍了智商、情商的定义和起源，分析了智商和情商的关系。指出在搜索时代，搜商作为与智商、情商并列的人类智力因素，是一种人类通过搜索工具获取知识的能力，提高搜商有利于提高大学生的信息素养。专家的精彩讲座，激起了同学们浓厚的学习兴趣。

专家讲座结束后，隆重举行了读书日系列活动闭幕仪式。图书馆播放了历年世界读书日系列活动精彩回顾。杨云对本届世界读书日系列活动进行了简要总结。她阐述了本次活动以"书韵飘香，邂逅经典"为主题，引导广大读者品味经典的活动宗旨。在大家的共同努力下，圆满完成了为期 29 天的世界读书日系列活动。活动共计 11 项，其间共举办两场专家讲座，分别邀请了赵文亮教授和李飞教授做主讲，受到广大师生的欢迎。"悦读心动"移动阅读现场推广活动，通过现场学习并参与抽奖的方式，向读者们推广微信图书馆和中科多媒体教育资源数据库。"学海无涯"好书征集活动，读者参与积极，共收到来自全校读者的近 90 条推荐书目，图书馆整理出适合的推荐书目纳入采买计划，并通过学校网络平台向全校师生读者进行推荐，使更多的读者阅读到更多经典、优秀的图书。"邂逅经典"中华好诗词鉴赏活动共收到来稿 237 篇，评选出一等奖 2 名、二等奖 5 名、三等奖 5 名、优秀奖 10 名。"书韵飘香"温馨提示牌创意设计比赛，共收到 229 件作品，评选出一等奖 2 件、二等奖 2 件、三等奖 6 件以及教师最佳作品奖 1 件。"惠泽后学"图书捐赠活动，收到捐赠图书 770 余册，让广大读者在分享阅读乐趣的同时共享知识，使更多后来的读者从中受益，活动将长期开展。"书蕴沉香"寻书比赛旨在让学生了解图书馆的藏书布局，掌握图书查找方法，近 200 人参与了活动，找到了指定图书并凭书中奖券获得奖品，受到学生们的喜爱。为鼓励读者保持阅读热情，树立读书榜样，图书馆开展了 2016—2017 年度"读者之星"优秀读者评选活动，优秀读者评选参照 2016—2017 年度读者年图书借阅量、年进馆次数等数据，评选产生 20 名"读者之星"，其中年图书借阅量最高的读者借阅图书 117 册、年进馆量最高为 247 次。图书馆共有勤工助学岗位 45 个，他们认真履行工作职责，对图书馆的工作做出了积极贡献。活动期间，图书馆召开了两场勤工助学岗座谈交流会，勤工助学的同学们就各自的服务体验进行交流分享，同时刘图书馆的服务方式、服务质量、环境营造建言献策。通过对勤工助学学生的岗位履职情况、工作量、服务态度等方面的综合评定，评选并表彰了 10 名图书馆勤工助学岗"服务之星"。世界读书日系列活动结束之际，图书馆还组织了"读者之声"读者座谈交流会，代表们就本次活动主题"书韵飘香，邂逅经典"交流畅谈，对图书馆整体服务和发展建设等提出了宝贵意见。

颁奖仪式上，袁立坚、张丽娜分别宣读了 2017 年世界读书日系列活动各项评选活动的获奖名单。出席闭幕式的领导分别为获奖者们颁发了奖状和纪念品，以资鼓励。

赵文亮致闭幕词，对 2017 年世界读书日系列活动的成功举办表示祝贺。他希望同学们能够一如既往地热爱读书，让阅读成为一种习惯，完善自我，培养坚定的信念和独立的人格。

2017 年世界读书日系列活动已圆满落幕，学校的读书活动借此将迎来新的开始，希望读书日活动为我们营造出一个书韵飘香的校园文化氛围，让终身学习、毕生阅读成为一种习惯和风尚，成为昆明冶专的风景与文化！

图 6-14　李飞作主题讲座

图 6-15 赵文亮副校长致闭幕词

图 6-16 杨云馆长为获奖同学颁奖

图 6-17 嘉宾及工作人员合影

三、特色活动实践

（一）"书韵飘香"温馨提示牌创意设计比赛

和谐的校园文化、浓郁的书香氛围要靠大家共同创建和维护。"4·23 世界读书日"期间，我们将举办图书馆温馨提示牌创意设计比赛，努力打造温馨的图书馆，更好地推进我校学风建设。

（1）**参与对象**：全校师生读者。

（2）**牵头部门**：校团委、图书馆。

（3）**截稿日期**：即日起至 2017 年 5 月 5 日。

（4）**活动要求**：

①作品要求：根据在图书馆中的所见所闻或感受，设计温馨提示语，语句生动，文辞简练优美，如"脚步轻轻，不扰他人"，并配上相应的图案设

计，制作为温馨标语提示牌。

②参赛方式：参赛者无须报名，请把作品原件交至图书馆（作品件数不限），并附上姓名、学院、班级、联系电话。

③入选的优秀作品将被图书馆采纳使用。

（5）**评奖**：评选最佳创意奖 2 名，最佳设计奖 3 名，温馨达人奖 5 名和优秀奖若干名，颁发证书和奖品。

（二）"邂逅经典" 中华好诗词鉴赏活动

1. 活动发布

经典在于传承，举办"邂逅经典"中华好诗词鉴赏活动，既是对中华传统文化的传承和发扬，也是让读者接受美的熏陶，为诗词爱好者打造一个展现个性风采的平台。

（1）**参与对象**：全校师生读者。

（2）**牵头部门**：校团委、图书馆。

（3）**截稿日期**：即日起至 2017 年 5 月 5 日。

（4）**征文要求和提交方式**：

①紧扣"书韵飘香，邂逅经典"主题，以中华经典诗词为对象撰写鉴赏心得。题目自拟，体裁不限，内容积极向上、观点鲜明、结合实际、语言流畅、生动感人，不得抄袭。

②文档标题三号黑体居中，正文宋体、小四号字，行距 1.5 倍，A4 页面，字数以 800~2000 字为宜。

③作品请发送至邮箱 kmyzlib@ yeah. net，注明作者姓名、学院、班级、联系电话、邮箱。

（5）**征文评奖**：评选一等奖 3 名、二等奖 6 名、三等奖 10 名和优秀奖若干名，颁发相应的证书和奖品。

2. 获奖作品

一等奖：

（1）作者：化工学院　化工 1618 班　殷茵

登高

[唐]　杜甫

风急天高猿啸哀，渚清沙白鸟飞回。

无边落木萧萧下，不尽长江滚滚来。

万里悲秋常作客，百年多病独登台。

艰难苦恨繁霜鬓，潦倒新停浊酒杯。

这首诗是大家非常熟悉的古诗之一，该诗作于公元 767 年（唐代宗大历二年）秋天。当时安史之乱已经结束 4 年了，但地方军阀又乘势而起，相互争夺地盘。杜甫本入严武幕府，依托严武。不久严武病逝，杜甫失去依靠，只好离开经营了五六年的成都草堂，买舟南下。本想直达夔门，却因病魔缠身，在云安待了几个月后才到夔州。杜甫在夔州一住就是 3 年，而就在这 3 年里，他的生活依然很困苦，身体情况也很糟糕。这首诗就是 56 岁的老诗人在这极端困窘的情况下写成的。

那一天，他独自登上夔州白帝城外的高台，登高临眺，百感交集。萧瑟的秋天，杜甫把它描绘得有声有色，引发出来的感慨更是动人心弦。望中所见，激起意中所触；萧瑟的秋江景色，引发了他对身世飘零的感慨，渗入了他对老病孤愁的悲哀。他写的不只是自然的秋，更是对自己生命之秋的感慨。

这首诗是杜甫最出名的一首七言律诗，综观整首诗，布局极为严谨，前半部分的四句，重在写景；后半部分的四句，重在抒情，但无论是写景还是抒情，都是情景交融，景中含情。首联着重刻画眼前的具体景物，好比画家的工笔技法，形、声、色、态逐一得到表现。颔联着重渲染秋天的气氛，好比画家的写意技法，传神会意，含蓄深刻，让人用自己的想象去补充。颈联两句，14 个字包含了多层含义，讲述了人生的苦况，更令人寄寓强烈的同情。两句诗，无论是描摹形态，还是形容气势，都极为生动传神。从萧瑟的景物和深远的意境中，可以体察出诗人壮志难酬的感慨之情和悲凉心境。尾联进一步写国势艰危，仕途坎坷，年迈和忧愁引得须发皆白；而因疾病缠身，新来戒酒，所以虽有万般愁绪，也无以排遣。

其实我自己对这首诗特别有感触，写这首诗的时候杜甫的心境是凄凉的，他感慨自己飘零的命运，虽然思念家乡却无能为力。现在的我虽然没有杜甫那样坎坷的命运，但也算是"背井离乡"。在上大学之前，我一直都和父母在一起，身边的环境也都熟悉，到了大学之后，一切都变了，陌生的地方、陌生的人，甚至是陌生的生活习惯。这一切都让我充满了不安全感。让我感受最深的一次是刚刚开学不久的一次经历。也许是水土不服，我才到学校就生了病，一开始只是流鼻涕、打喷嚏，最后竟然发起了烧，我只好请了假去看医生。但是我从开学以来还没有出过学校，我根本不知道往哪儿走，身边的人也对路不熟悉，我这才知道举目无亲的滋味。在那时，我想我应该体会到了杜甫那种无奈又无助的感觉。现在想想又不由得佩服起杜甫来，不仅佩服他的才华，还佩服他爱国的精神，以及他总是心怀天下的胸襟！

（2）作者：建材学院　饰材1512班　张兴园

长歌行

朝代：两汉

出处：《乐府陈集》

作者：无名氏

青青园中葵，朝露待日晞。

阳春布德泽，万物生光辉。

常恐秋节至，焜黄华叶衰。

百川东到海，何时复西归？

少壮不努力，老大徒伤悲！

这是一首咏叹人生的歌，唱人生而从园中葵起调。园中葵在春天的早晨亭亭玉立，青青的叶片上滚动着露珠，在朝阳下闪烁着光芒，就像一位充满活力朝气蓬勃的少年。因为有了春天的阳光和雨露，万物都在闪耀着生命的光辉，到处都是生机勃勃、欣欣向荣的景象。人生充满活力的时代，正如一年四季的春天一样美好。

自然的时序不停交换，转眼春去秋来，园中葵及万物经历了春生、夏长，到了秋天，它们成熟了，昔日熠熠生辉的叶子变得枯萎，丧失了活力。人生也是如此，由青青勃发而长大，到老死，也要经历一个新陈代谢的过程，这是一个不可移易的自然法则。诗中"常恐秋节至"表达了诗人对青春稍纵即逝的珍惜，一个"恐"字，表现出了人们对自然法则的无能为力，青春凋谢的不可避免。接着又从时序更替联想到了宇宙的无尽时间和无限空间，时间就像东逝的江河，一去不复返。在这永恒的自然面前，人生就像叶片上的朝露一见阳光就被晒干了，就像青青葵叶一遇秋风就枯黄凋谢了。诗人对宇宙变化的探索从而引发对人生价值的思考，终于推出"少壮不努力，老大徒伤悲"这一振聋发聩的结论。人生短暂，韶华易逝，而我们不正是这郁郁青青的园中葵吗？

常言道，人最珍贵的东西就是生命，而怎样度过我们的一生，却是一门伟大而复杂的课程。从牙牙学语到学会走路，时间的每一秒变更都是我们一步步的成长。自然界的万物，只要有春夏的阳光雨露，秋天自然能够结实，而人，没有自身的努力就不能成功。成功，并不完全是事业的蓬勃、家庭的幸福，更是一个人在这世上经历种种直到死亡所拥有的满足感和幸福感。在我们这个充满活力的年纪，有很多事等着我们去经历、去创造、去实现。万物经秋衰变，能够实现自己的价值，只因不足而伤悲，人则不然，少壮不努力，而老无所成，岂不是白来世间。在生命的长河中，唯有珍惜时间者才能在无际的知识海洋中获取更多的营养。只有不断地学习，我们才能有更多的机会实现人生价值。《钢铁是怎样炼成的》当中有这样一段话：当他回顾已逝的年华时，不因虚度时光而悔恨，也不因一事无成而羞愧，这样，在他即将离开人世的时候，就可以坦然地说，我把整个生命和全部的精力都奉献给了人世间最壮丽的事业——为人类的解放而奋斗。

作为当代的大学生，学习是一生的责任，我们更应该做时代的引路人，珍惜当下，用勃发的激情和热血谱写人生篇章，春华秋实，相信付出一定会有结果。人生天壤间，少壮须努力！

四、活动总结

2017 年世界读书日系列活动总结

很高兴参加"昆明冶金高等专科学校 2017 年世界读书日系列活动"读者座谈会，并代表本届活动的组织者（图书馆、学生处、校团委）作活动总结。

首先，给大家介绍一下图书馆的基本情况。昆明冶金高等专科学校始建于 1952 年，成立了一个旧矿业技术学校图书室，这是图书馆的前身。随着学校 60 多年来的发展，图书馆的规模不断扩大。目前图书馆有莲华和安宁两个馆舍，莲华校区馆舍建于 1986 年，面积 4856 平方米，安宁校区馆舍 2012 年投入使用，面积 2 万平方米。图书馆馆藏资源丰富，截至 2016 年 8 月，馆藏文献总量达 194 万册，包括纸质资源和电子资源，形成了以矿业、冶金、测量、电气自动化等学科文献为主，种类齐全、类型多样的馆藏特点。

图书馆自 2013 年开始举办世界读书日系列活动，至今连续举办了 5 届。

本届读书日系列活动为期 29 天，共举办 11 项活动："名师导读"系列讲座活动、"悦读心动"移动阅读现场推广活动、"学海无涯"好书征集活动、"书韵飘香"温馨提示牌创意设计比赛、"邂逅经典"中华好诗词鉴赏心得征集活动、"惠泽后学"图书捐赠活动、"书蕴沉香"寻书比赛、"读者之星"优秀读者评选、"服务之星"图书馆优秀勤工助学学生评选及座谈交流会、"读者之声"读者座谈交流会和颁奖仪式。

活动期间共举办了两场专家讲座，第一场邀请了昆明冶金高等专科学校副校长赵文亮作《勤于读书，精于思考，善于行动，勇于创新》的讲座。赵副校长通过列举实例，说明了读书的重要作用，阐述了读书与职业的发展关系，激励同学们要勤于读书。他用幽默诙谐的语言，以六祖慧能的故事，告诫同学们凡事要精于思考，要有悟性，并引出了对职业、职业教育、高等职业教育等问题的思考，提出了关于职业能力的分级以及隐性知识转化为显性知识的方式。同时提出，善于行动是前进的基础，教育同学们要善于抓住问题、调查研究、解决问题、推动发展。还通过介绍昆明冶专师生创新创造典型案例，鼓励大家要勇于创新。讲座最后，赵副校长期望同学们勤于读书，精于思考，善于行动，勇于创新，提高职业能力，推进职业成长，成就职业梦想。今天我们又邀请了昆明医科大学图书馆原馆长李飞教授作题为《情商·智商·搜商》的专题讲座。

随着大学生阅读方式的改变，我校图书馆目前已向读者开通了微信服务和移动图书馆服务，实现了阅读推广服务的网络化和多元化。为提高学生对图书馆数字新媒体资源的重视程度和利用效率，激发学生的学习兴趣，特举办"悦读心动"移动阅读现场推广活动。读者们在现场工作人员的指导下学习微信图书馆和中科多媒体教育资源数据库的使用方法，并参与现场抽奖。读者们表现出了较强的参与性。

"好书推荐"是图书馆近几年来着力打造的一项阅读推广活动，我们通过"每周好书推荐"向读者推荐好书，受到师生们的热烈欢迎。在读书日系列活动期间我们开展了"学海无涯"好书征集活动，读者通过图书馆微信公众号、移动图书馆客户端均可向图书馆推荐好书。通过双向的推荐，搭建读者与图书馆沟通交流的桥梁，实现好书共享的目的。

本届活动组织了"书韵飘香"温馨提示牌创意设计比赛，共收到作品229件，其中11人获奖。优秀作品将作为图书馆的收藏并展示于安宁校区图书馆。同时，举办"邂逅经典"中华好诗词鉴赏心得征集活动，传承经典文化，让读者接受美的熏陶，为诗词爱好者打造一个展现个性风采的平台。本次活动共收到作品237篇，其中22人获奖。

授人玫瑰，手有余香。捐出智慧，德可高尚。此次"惠泽后学"图书捐赠活动，共计收到捐赠图书770册。实现了广大读者分享阅读乐趣的同时共享知识，让知识和智慧串联起来，使更多后来的读者从中受益，在知识的传承和交流方面发挥积极的作用。

为了让同学们更加了解安宁校区图书馆的图书布局和图书查找方法，引导同学们走进图书馆、使用图书馆，我们举办了"书蕴沉香"寻书比赛。来自全校各学院的近 200 名同学参与了活动，找到了指定图书并凭书中奖券获得奖品。

"读者之星"优秀读者评选活动共评出 20 名优秀读者，其中年借书量最高为 117 册，年进馆次数最多者为 247 次。同时我们还评选了图书馆勤工助学岗"服务之星"10 名，他们认真履行工作职责、服务态度好，在图书馆的日常服务工作中默默奉献，对图书馆的工作做出了积极贡献。

今天下午，我们在图书馆组织了"读者之声"读者座谈交流会，读者代表们就系列活动主题畅谈交流，优秀读者交流读书心得，"服务之星"畅谈服务理念，温馨提示牌创意设计比赛和中华好诗词鉴赏活动获奖者交流创意与写作心得，与会代表们对图书馆服务和发展建设等提出了宝贵意见和建议。

现在，我们在这里举行 2017 年世界读书日系列活动闭幕及颁奖仪式，感谢所有参与的来宾。2017 年读书日系列活动虽暂告一段落，但学校读书活动还将继续。全校师生读者们能更加深入地投入读书活动中，让迷人的浓浓书香飘溢在我们的校园，让终身学习、毕生阅读成为一种习惯和风尚，成为昆明冶专的风景与文化！

第七章 "传承不止，耕耘不息" 2018 年世界读书日系列活动

一、活动方案

读书并非一朝一夕之事，学习是终身的事业。书籍是文化的结晶，阅读是汲取知识的途径。在书中，我们可以与优秀的人格相遇，传承智慧，耕耘人生。在 2018 年 4 月 23 日第 23 个 "世界读书日" 即将来临之际，为鼓励全校师生传承中华民族的传统文化，脚踏实地，耕耘不辍，收获人生的硕果，学校图书馆、学生处（学生工作部）、校团委将继续举办 "传承不止 耕耘不息" 昆明冶金高等专科学校 2018 年世界读书日系列活动。现安排如下：

活动主题：传承不止，耕耘不息

宣传口号：传承学者风范　耕耘精彩人生
　　　　　　博览众家之长　塑造美好心灵

活动对象：全校师生读者

活动时间：2018 年 4 月 19 日（星期四）至 5 月 17 日（星期四）

欢迎关注图书馆微信公众号，了解活动详情，参与活动。

图书馆微信公众号二维码

活动内容：

（一）"名师分享"系列讲座活动

围绕"传承不止　耕耘不息"主题，邀请知名专家、学者到校作主题讲座，激发学生学习兴趣，开阔视野，培养专业意识，营造浓厚的学术氛围。

1. **专家讲座**

主办单位：学生处（学生工作部）、图书馆

主题：读万卷书　行万里路——美国图书馆访问印象

主讲：杨云（昆明冶金高等专科学校图书馆馆长）

时间：2018 年 4 月 19 日 19：00

地点：安宁校区主教学楼第六阶梯教室

2. **专家讲座**

主办单位：学生处（学生工作部）、图书馆

主题："一带一路"倡议背景下的云南跨越式发展

主讲：赵越（云南财经大学图书馆原馆长）

时间：2018 年 5 月 17 日 19：00

地点：安宁校区主教学楼第六阶梯教室

（二）"汇聚书海"好书征集活动

一本好书可浸润心灵，改变人生，而将一本好书分享出去，让更多的人

感受它的魅力，则是对一本好书最大的尊重。图书馆世界读书日系列活动之"汇聚书海"好书征集活动，为读者提供分享好书的平台，向读者征集好书，满足读者对图书资源的需求。

1. **参与对象**：全校师生。

2. **主办单位**：图书馆。

3. **活动时间**：2018 年 4 月 19—30 日。

4. **荐书方式**：

进入图书馆微信公众号，点击"微服务大厅"中的"图书荐购"按钮，即可进行图书推荐；您可在"微服务大厅"—"个人资料"中填写 E-mail 地址，后续我们通过邮件反馈给您荐购通知。

（三）"学以致用"信息检索比赛

为全面提高我校学生的信息意识与信息获取能力，促进学生掌握文献检索和资料查询的基本方法，举办"学以致用"信息检索比赛，以此提高学生实践能力，综合素质全面发展。

1. **参赛对象**：全校师生。

2. **主办单位**：图书馆。

3. **报名方式**：通过"到梦空间"App 参与报名。报名时间：即日起至 4 月 25 日。

4. **比赛时间**：2018 年 4 月 26 日 14：30 至 4 月 27 日 21：30。

5. **参赛方式及要求**：

参赛者可通过手机微信扫码或电脑客户端进入答题系统，登录后输入姓名、学院、学号（职工号）、电话号码信息完成注册，进入答题。若信息错误，将无法领取奖品。

（1）通过手机微信扫描下方二维码进入答题页面。

参赛二维码

（2）电脑客户端点击以下网址进入答题页面：

https：//www. 101test. com/cand/index？ paperId＝MAXDCM.

6. **题型设置**：比赛试题设有单选、多选、判断，共 25 题，答题限时 30 分钟。

7. **奖项设置**：一等奖 2 名，二等奖 4 名，三等奖 6 名。

（四）"书香传递" 图书捐赠活动

捐赠好书，共享书香。通过"书香传递"图书捐赠活动，让广大读者将自己珍藏的图书与大家分享，让更多的读者从中受益，让闲置的图书发挥更大的价值。

1. **参与对象**：全校师生

2. **主办单位**：校团委、图书馆

3. **捐赠时间**：2018 年 4 月 19 日开始

4. **捐赠地点**：安宁校区图书馆服务大厅

莲华校区图书馆一楼文献管理中心

（五）"寻书捉影" 寻书比赛

在图书馆的漫漫书海中迅速定位找到目标图书是一项技能。通过寻书比赛，读者可以进一步了解图书馆的排架规则和馆藏资源，增强利用图书馆的能力，在寻书活动中发现好书、收获欢乐。

1. **参与对象**：全校学生读者（勤工助学岗同学除外）。

2. **主办单位**：图书馆。

3. **报名方式**：通过"到梦空间"App 参与报名。报名时间：即日起至 2018 年 5 月 2 日。

5. **活动规则**：

（1）**活动形式**：在活动规定的时间内，参与者根据图书馆提供的书单，通过图书馆检索系统、图书馆微服务大厅或移动图书馆手机客户端等方法检索出图书在书库中的位置后，在书架上找到指定图书，并抽出夹在书中的奖券。寻书活动结束后凭奖券兑奖（每人限领 2 份）。

（2）**活动时间**：2018 年 5 月 3 日（星期四）14：30—17：00。

（3）**活动地点**：安宁校区图书馆。

（4）**奖品设置**：设奖券 150 份，其中包括 2 份神秘奖品。

（六）"经典同行"晒书单活动

读书使人明智，读书使人远离喧嚣，读书使人气质优雅。在你的人生当中，有哪些曾经影响过你的人生的书，又有哪些书你想分享给他人，还有哪些你未来决定阅览的书，"经典同行"晒书单邀请各位读者晒出你想与他人分享的书籍、经历和感悟。

1. **参与对象**：全校师生读者。

2. **主办单位**：图书馆。

3. **截稿日期**：2018 年 4 月 19 日至 5 月 2 日。

4. **活动要求**：

（1）**作品要求**：参赛者选出个人阅读的最佳书目 5 册，以"书名+作者+推荐理由"的格式整理出来，每本书的推荐理由不多于 150 字。推荐书籍类型不限，内容必须积极向上、健康活泼。

（2）**参选方式**：请参赛者于 2018 年 4 月 19 日至 5 月 2 日，把作品以 Word 格式发送至图书馆邮箱 kmyzlib@ yeah. net，文件以"姓名+（学院）部门+班级+联系电话"的方式命名。

（3）**作品评价**：参赛作品将公布在图书馆微信公众号进行网络投票，投票时间为 2018 年 5 月 3—10 日。

5. **奖项设置**：评选最具人气奖 2 名、最佳走心奖 3 名、最佳分享奖 5 名、优秀奖 10 名，颁发相应的证书和奖品。

（七）"阅读之星"优秀读者评选

为深化图书馆读者服务工作，加强与读者的沟通与联系，在全校学生读者中营造良好的读书氛围，培养学生"爱读书、多读书、读好书"的良好习惯，面向全校学生读者开展"阅读之星"优秀读者评选活动，激励更多的学生走进图书馆、使用图书馆。

1. **参与对象**：全校学生读者。

2. **主办单位**：图书馆。

3. **评选条件**：

（1）**书刊借阅量大**：主要参考读者 2017—2018 年度借阅图书的统计情况。

（2）**入馆次数**：参考图书馆 2017—2018 年度门禁统计数据。

（3）**诚信无违纪**：统计期间的借阅活动无违纪、违规及其他不良记录情况。

（4）**参与图书馆活动**：配合、支持图书馆工作，向图书馆提出合理化建议，能熟练利用图书馆文献信息资源，积极参加图书馆组织的各项读者活动。

4. **评选时间**：即日起至 2018 年 5 月 10 日。

5. **奖项设置**："阅读之星"优秀读者 20 名，颁发荣誉证书和奖品。

（八）"服务标兵"图书馆优秀勤工助学学生评选及座谈交流会

图书馆是大学生进行自主学习、获取知识的重要场所，更是学生参与实践锻炼的实习园地。图书馆设置勤工助学岗，一方面发挥了图书馆服务育人和文化育人的功能；另一方面为贫困学生提供了更多的锻炼实习的机会，积累了工作经验。因此，图书馆将在参与图书馆管理与服务的勤工助学岗学生中评选"服务标兵"，并给予表彰奖励，更好地提高服务质量，培养学生自立自强意识。

活动期间，将邀请参与图书馆勤工助学岗的所有同学齐聚一堂，就各自在服务工作中遇到的问题以及图书馆各项管理工作等进行互动交流，增强学生与图书馆工作人员之间的了解和感情，推进图书馆勤工助学工作再上新台阶。

1. **评选及参会对象**：图书馆勤工助学岗全体学生。

2. **主办单位**：图书馆、学生处（学生工作部）。

3. **评选条件**：工作责任心强，踏实肯干，能保质保量完成任务；接待读者礼貌热情，行为举止文明得体；全心全意为读者服务，提供读者之所需；能为图书馆的各项工作提出合理化建议。

4. **奖项设置**：评选"服务标兵"10 名，颁发证书和奖品。

5. **评选时间**：即日起至 2018 年 5 月 10 日。

6. **座谈会时间**：2018 年 5 月。

7. **座谈会地点**：安宁校区图书馆、莲华校区图书馆。

（九）"聆听心声"读者座谈交流会

倾听读者心声、了解读者需求，是图书馆推进资源建设、利用及服务管理工作有效开展的重要途径。系列活动期间，图书馆将组织读者代表围绕"传承不止　耕耘不息"主题进行座谈交流，就文献资源建设和图书馆服务建言献策，鼓励读者更多地参与图书馆的建设，共同推进图书馆的发展。

1. **参与对象**："学以致用"信息检索比赛、"寻书捉影"寻书比赛、"经典同行"晒书单活动获奖者，优秀读者以及其他热心读者。

2. **主办单位**：图书馆

3. **时间**：2018 年 5 月 17 日 14：00

4. **地点**：安宁校区图书馆

5. **内容**：读者代表们就系列活动主题以及图书馆服务畅谈交流，为图书馆资源利用和服务管理等提出宝贵意见和建议。

（十）颁奖仪式

在学校2018年世界读书日系列活动尾声，将举行闭幕仪式，对本次活动进行总结和表彰。

1. **参与对象**：学校相关领导、图书馆相关工作人员、读者代表。

2. **主办单位**：图书馆、学生处（学生工作部）、校团委。

3. **时间**：2018年5月17日19：00。

4. **地点**：安宁校区主教学楼第六阶梯教室。

5. **内容**：

（1）2018年世界读书日系列活动总结。

（2）为"学以致用"信息检索比赛、"经典同行"晒书单活动获奖者，以及"阅读之星""服务标兵"颁奖。

（3）宣布活动结束。

二、传统活动实践

（一）开幕式

1. 开幕式致辞

（1）**致辞人**：昆明冶金高等专科学校原副校长　卢宇飞

（2）**开幕词**

亲爱的老师们、同学们：

大家晚上好！

在这春暖花开、万物复苏的季节，我们满怀喜悦迎来了2018年昆明冶金高等专科学校"世界读书日系列活动"的开幕。在此，我谨代表学校，向莅临开幕式的各位老师、同学们表示热烈的欢迎。在《学海讲堂》第151讲和2018年世界读书日系列活动开幕之际，图书馆杨云馆长为我们作讲座，在此对杨馆长表示感谢！

"世界读书日"全称"世界图书与版权日"，又译"世界图书日"，最初的创意来自国际出版商协会。1995年正式确定每年4月23日为"世界图书与版权日"，设立的目的是推动更多的人阅读和写作。2018年4月23日，我们即将迎来第23个世界读书日，在这个具有深刻纪念意义的日子，为点燃大学生读书激情，构建书香文化校园，图书馆将继续举办以"传承不止 耕耘不息"为主题的2018年世界读书日系列活动，在全校师生中营造多读书、读好书的文化风尚，进一步促进大学生素质的提高、推动阅读活动的深入开展，形成终身学习的良好校园阅读风气。

我校自2001年以来已成功举办多届读书日活动，通过系列活动的开展，引导读者走进图书馆、使用图书馆，激发全校师生的读书兴趣，营造浓厚的校园阅读氛围，养成良好的读书习惯，提高审美修养和人文底蕴，促进学生全面健康的发展。每一年的读书日活动为期约30天，举办10个分项活动。活动坚持传统项目与特色项目相结合，以阅读推广为核心，面向全体师生，突出参与性和互动性，从内容、参与对象、时间、可操作性、覆盖面、宣传渠道等方面综合设计活动方案，并成立活动项目组负责活动的实施。

阅读是一个民族的灵魂，是人类不断汲取知识的途径。印成铅字的文字特别有分量，它是文化的结晶，是将要长久流传下去的知识和思想的成果。丰富的阅读经历对于大学生来讲是宝贵的财富，是学生课本之外的知识。希望全校师生能够继续支持读书日系列活动，积极参与，传承中华民族的传统文化，脚踏实地，耕耘不辍，收获人生的硕果。

最后，祝愿 2018 年世界读书日系列活动暨《学海讲堂》第 151 讲取得圆满成功！

2. 活动方案介绍

2018 年世界读书日系列活动方案简介

图 7-1 活动开幕式

图 7-2 活动主题

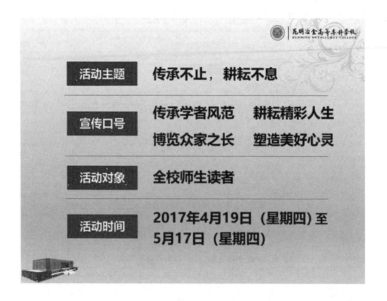

图 7-3　活动详情

序号	内容		活动时间
1	"名师分享"系列讲座活动	读万卷书 行万里路——美国图书馆访问印象	4月19日19:00
		"一带一路"倡议背景下的云南跨越式发展	5月17日19:00
2	"汇聚书海"好书征集活动		4月19日—4月30日（活动长期有效）
3	"学以致用"信息检索比赛		4月26日—4月27日
4	"书香传递"图书捐赠活动		4月19日开始（活动长期有效）
5	"寻书捉影"寻书比赛		5月3日14:30—17:00
6	"经典同行"晒书单活动		4月19日—5月2日
7	"阅读之星"优秀读者评选		即日起至5月10日
8	"服务标兵"图书馆优秀勤工助学学生评选及座谈交流会		即日起至5月10日
9	"聆听心声"读者座谈交流会		5月17日14:00
10	颁奖仪式		5月17日19:00

图 7-4　活动内容及时间

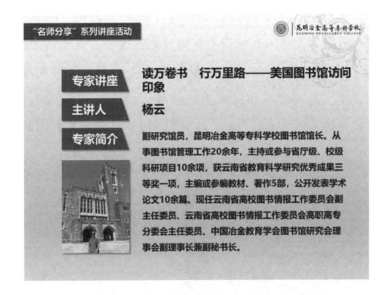

图 7-5 主讲专家简介

3. 报道

4 月 19 日，在第 23 个世界读书日即将来临之际，图书馆、学生工作部（处）、校团委联合在安宁校区举办"传承不止　耕耘不息"2018 年世界读书日系列活动开幕式暨《学海讲堂》第 151 讲。昆明冶金高等专科学校原副校长卢宇飞、图书馆馆长杨云、学生处原副处长赵亚芳，以及师生代表参加了开幕式。开幕式由图书馆文献管理中心副主任肖萌主持。

卢宇飞代表学校为 2018 年世界读书日系列活动致辞，他向师生们介绍了世界读书日的由来，指出开展读书日系列活动对促进"书香冶专"校园文化建设具有积极的推动作用，呼吁广大师生继续支持、参与世界读书日系列活动，传承中华民族传统文化。图书馆文献管理中心主任李琼介绍了今年世界读书日系列活动的基本内容及安排，并诚挚邀请师生们参与各项活动。

《学海讲堂》第 151 讲由我校图书馆馆长杨云为师生们作题为《读万卷书　行万里路——美国图书馆访问印象》的讲座。杨云结合 2017 年 8 月到美国图书馆进行交流的所见、所闻、所感，以丰富的照片、精彩生动的语言，向师生们介绍了美国图书馆的发展现状、建设理念和未来发展趋势。同时，杨云还向同学们介绍了我校图书馆的历史、馆藏资源及读者服务，阐述了未来我校图书馆的发展方向，借此鼓励同学们充分利用我校图书馆资源，提高阅读量，走进图书馆并利用图书馆。在互动环节，同学们发言踊跃，分享了听讲的感想和阅读心得，并领取了《学海讲堂》纪念品。

图 7-6　卢宇飞致辞

图 7-7　杨云作主题讲座

图 7-8　嘉宾及工作人员合影

图 7-9　讲座互动环节

（二）"名师分享"系列讲座活动

1. 讲座一：读万卷书　行万里路——美国图书馆访问印象

围绕"传承不止　耕耘不息"主题，邀请专家、学者到校作主题讲座，激发学生学习兴趣，开阔视野，培养专业意识，营造浓厚的学术氛围。

主　题：读万卷书　行万里路——美国图书馆访问印象

主讲人：杨云（昆明冶金高等专科学校图书馆馆长）

时　间：2018 年 4 月 19 日 19：00

地　点：安宁校区主教学楼第六阶梯教室

牵头部门：学生处（学生工作部）、图书馆

内容简介：2017 年 8 月，学校图书馆馆长杨云与云南省部分高校图书馆馆长赴美研修，在此期间到美国罗格斯大学、普林斯顿大学、哥伦比亚大学、新泽西学院等高校图书馆以及纽约公共图书馆、美国国会图书馆进行交流学习。本讲座通过翔实的访问记录和丰富的图片为大家展示美国图书馆的建设与发展，鼓励学生应充分利用图书馆馆藏资源，培养良好的阅读习惯，走进图书馆，使用图书馆。

专家简介：杨云，副研究馆员，昆明冶金高等专科学校图书馆馆长。从事图书馆工作 20 余年，主持或参与省厅级、校级科研项目 10 余项，获云南省教育科学研究优秀成果三等奖 1 项，主编或参编教材、著作 5 部，公开发表学术论文 10 余篇。现任云南省高校图书情报工作委员会副主任委员、云南省高校图书情报工作委员会高职高专分委会主任委员、中国冶金教育学会图书馆研究会理事会副理事长兼副秘书长。

诚邀广大师生读者届时参与！

2. 讲座二："一带一路"倡议背景下云南跨越式发展

（1）活动发布

围绕"传承不止　耕耘不息"主题，邀请专家、学者到校作主题讲

座，激发学生学习兴趣，开阔视野，培养专业意识，营造浓厚的学术氛围。

主　　题："一带一路"倡议背景下云南跨越式发展

主讲人：赵越（云南财经大学图书馆原馆长）

时　　间：2018 年 5 月 17 日 19：00

地　　点：安宁校区主教学楼第六阶梯教室

牵头部门：学生处（学生工作部）、图书馆

内容简介：2013 年国家主席习近平提出"一带一路"倡议。云南是"一带一路"的一个重要节点，其独特的区位优势，凸显了云南在"一带一路"建设中的地位。习近平总书记在考察云南的重要讲话中，明确提出要"闯出一条跨越式发展的路子来"，努力成为我国民族团结进步示范区、生态文明建设排头兵、面向南亚东南亚辐射中心，谱写好中国梦的云南篇章。

专家简介：赵越，教授，硕士生导师。云南财经大学图书馆原馆长，云南省高校图工委原副主任委员，云南省高校图书馆联盟原副理事长，云南省图书馆学会原常务理事，中国财经教育资源共享联盟理事，云南金融学会常务理事，中国国情研究会行业研究员，云南财经大学校友会秘书长，云南财经大学理财研究所所长。20 年来，先后主讲《货币银行学》《商业银行业务与经营》《金融理财原理》等多门课程，共完成科研成果 70 余项，90 余万字。其中撰写专著 1 部，副主编、参编书籍 10 余部，主持和参与课题 10 余项，公开发表论文 50 余篇。研究领域涉及金融、投资、理财、WTO、电子商务、党建、高教管理、反贫困等。现与春城晚报、都市时报、云南信息报等多家媒体合作研究发表个人经济问题观点，与昆明电视台多个栏目合作经济社会问题专题报道。《金融理财原理》重点课程建设主持人，代表作为《消费信贷》。

（2）讲座内容

图 7-10　专题报告

（三）"汇聚书海"好书征集活动

1. 活动发布

一本好书可浸润心灵，改变人生，而将一本好书分享出去，让更多的人感受它的魅力，则是对一本好书最大的尊重。2018 年世界读书日系列活动之"汇聚书海"好书征集活动，为读者提供分享好书的平台，向读者征集好书，满足读者对图书资源的需求。

（1）**参与对象**：全校师生。

（2）**主办单位**：图书馆。

（3）**活动时间**：2018 年 4 月 19—30 日。

（4）**荐书方式**：

进入图书馆微信公众号，点击"微服务大厅"中的"图书荐购"按钮，即可进行图书推荐；您可在"微服务大厅"—"个人资料"中填写 E-mail 地址，后续我们通过邮件反馈给您荐购通知。

2. 活动小结

为期 10 天的 2018 年世界读书日系列活动之"汇聚书海"好书征集活动于 4 月 30 日顺利结束。

活动共收到 32 条来自学校 13 名师生所推荐的书目信息。在参与人数和荐书数量上虽然较前几年有所下降，其中 2014 年为 271 条，2015 年为 105 条，2016 年 80 条，2017 年 84 条，但此次活动为图书馆 2017 年底自动化管理系统升级后，利用新系统中"图书荐购"功能所开展的一项读书日系列活动，是对新系统各项新功能的一次检验。

荐好书活动是图书馆近几年来着力打造的一项阅读推广活动，通过活动，为读者与图书馆的沟通搭建了桥梁，能够较好地利用图书馆"微信服务大厅"，实现读者"一机在手，随时荐购"、图书馆实时跟踪反馈的功能，较大程度上免去了之前烦琐的数据处理与荐购者反馈难等问题。为今后更好地结合学校专业建设发展，让各学院（部门）、专家、教研室等积极地参与到图书资源荐购工作中来，搭建了一个良好的平台。

图书馆将借助新系统的各项优点和技术支撑，总结此次活动经验，把"图书荐购"活动作为图书馆一项长期的服务工作开展下去。

（四）"书香传递"图书捐赠活动

1. 活动发布

捐赠好书，共享书香。通过"书香传递"图书捐赠活动，广大读者可将自己珍藏的图书与大家分享，让更多的读者从中受益，让闲置的图书发挥更大的价值。

（1）**参与对象**：全校师生

（2）**主办单位**：校团委、图书馆

（3）**捐赠时间**：2018 年 4 月 19 日开始

（4）**捐赠地点**：安宁校区图书馆服务大厅

莲华校区图书馆一楼文献管理中心

2. 捐书倡议书

亲爱的读者：

书籍是智慧的结晶，是知识的载体，是人类进步的阶梯。时光荏苒，我们总有一些昔日陪伴自己，给予自己知识的旧书积存。请让您手边的闲置书籍得到充分的利用，让这一本本好书传递你们曾经拥有过的美好回忆，让知识和爱心继续流淌。

为实现资源循环利用，充实学校图书资源，展现广大读者的感恩意识和奉献精神，学校图书馆面向全校师生读者开展爱心捐书活动。涓涓细流，汇聚成海，相信有大家的踊跃参与，定可汇成一片知识的海洋。

图书馆感谢各位读者能一如既往地支持我们的工作，希望您能把闲置的书籍捐献给学校，符合收藏条件的图书我们将入藏到图书馆，不符合收藏条件的图书将会放到图书漂流区进行漂流，让更多的同学能分享到你们所传递的知识！

赠人玫瑰之手，历久犹有馨香。您的慷慨捐赠会让他人受益，会使书的价值和您的精神境界同时得到最大的升华。待您离别充满生机的美丽校园时，也会对母校留下一份温馨的回忆！

我们衷心期待您的参与！

捐赠时间：即日开始（活动长期开展）

捐赠地点：安宁校区图书馆服务大厅

莲华校区图书馆一楼文献管理中心

对您的爱心和支持，再次表示衷心感谢！

（五）"寻书捉影"寻书比赛

1. 活动发布

在图书馆的漫漫书海中迅速定位找到目标图书是一项技能。通过寻书比赛，读者可以进一步了解图书馆的排架规则和馆藏资源，增强利用图书馆的能力。在寻书活动中发现好书，收获欢乐。

（1）**参与对象**：全校学生读者（勤工助学岗同学除外）。

（2）**主办单位**：图书馆。

（3）**报名方式**：通过"到梦空间"App 参与报名。报名时间：2018 年 5 月 2 日（星期三）8∶00—21∶00。

（4）**活动规则**：

①**活动形式**：在活动规定的时间内，参与者根据图书馆提供的书单，通过图书馆检索系统、图书馆微服务大厅或移动图书馆手机客户端等方法检索出图书在书库中的位置后，在书架上找到指定图书，并抽出夹在书中的奖券。寻书活动结束后凭奖券兑奖（每人限领 2 份）。

②**活动时间**：2018 年 5 月 3 日（星期四）14∶30—17∶00。

③**活动地点**：安宁校区图书馆。

④**奖品设置**：设奖券 150 份，其中包括 2 份神秘奖品。

2. 报道

图书馆举办 2018 年世界读书日系列
活动之"寻书捉影"寻书比赛

在图书馆的漫漫书海中迅速定位找到图书是一项技能。5 月 3 日下午，2018 年世界读书日系列活动之"寻书捉影"寻书比赛在安宁校区图书馆举行。活动旨在让读者进一步了解图书馆的排架规则和馆藏资源，在寻书活动中发现好书，收获欢乐。该活动共有来自 13 个学院的 120 余名学生通过"到梦空间"报名参赛。

活动开始前，图书馆工作人员向参赛者介绍了比赛规则及图书检索方法。开赛仅 10 分钟，来自冶金材料学院 2016 级的学生首先寻找到了指定图书。此次活动的参赛者主要来自 2016 级和 2017 级学生。其中，2016 级学生在寻书比赛中表现优异，寻书速度最快的前三位参赛者以及 60% 的获奖者均来自

2016级。对比大一学生，经过一个学年的熟悉和使用，大二学生已基本掌握了图书检索方法，对图书馆的馆藏布局有了较深的了解。

此次活动寓教于乐，推广了信息检索的方法，激发了学生们读书的兴趣，使其进一步了解图书馆的馆藏资源和布局，增强了利用图书馆的能力。

图7-11 参赛同学正在寻找奖券

图7-12 获奖同学

（六）"阅读之星"优秀读者评选

1. 活动发布

为深化图书馆读者服务工作，加强与读者的沟通与联系，在全校学生读者中营造良好的读书氛围，培养学生"爱读书、多读书、读好书"的良好习惯，面向全校学生读者开展"阅读之星"优秀读者评选活动，激励更多的学生走进图书馆、使用图书馆。

（1）**参与对象**：全校学生读者。

（2）**主办单位**：图书馆。

（3）**评选条件**：

①**书刊借阅量大**：主要参考读者 2017—2018 年度借阅图书的统计情况。

②**入馆次数**：参考图书馆 2017—2018 年度门禁统计数据。

③**诚信无违纪**：统计期间的借阅活动无违纪、违规及其他不良记录情况。

④**参与图书馆活动**：配合、支持图书馆工作，向图书馆提出合理化建议，能熟练利用图书馆文献信息资源，积极参加图书馆组织的各项读者活动。

（4）**评选时间**：截至 2018 年 5 月 10 日。

（5）**奖项设置**："阅读之星"优秀读者 20 名，颁发荣誉证书和奖品。

2. 评选结果

2018 年世界读书日系列活动期间，为树立读书榜样，激发学生的自我管理、自我服务意识，图书馆开展了 2017—2018 年度"阅读之星"优秀读者评选活动。

依据读者年图书借阅量、年进馆次数等数据，图书馆评选出"阅读之星" 20 名。

（七）"服务标兵"图书馆优秀勤工助学学生评选及座谈交流会

1. 活动发布

图书馆是大学生进行自主学习、获取知识的重要场所，更是学生参与实践锻炼的实习园地。图书馆设置勤工助学岗，一方面发挥了图书馆服务育人和文化育人的功能，另一方面为贫困学生提供更多的锻炼实习机会。因此，图书馆将在参与图书馆管理与服务的勤工助学岗学生中评选"服务标兵"，并给予表彰奖励，以更好地提高服务质量，培养学生自立自强意识。

活动期间，将邀请参与图书馆勤工助学岗的所有同学齐聚一堂，就各自在服务工作中遇到的问题以及图书馆各项管理工作等进行互动交流，增进学生与图书馆工作人员之间的了解和感情，推进图书馆勤工助学工作再上新台阶。

（1）**评选及参会对象**：图书馆勤工助学岗全体学生。

（2）**主办单位**：图书馆、学生处（学生工作部）。

（3）**评选条件**：工作责任心强，踏实肯干，能保质保量完成任务；接待读者礼貌热情，行为举止文明得体；全心全意为读者服务，提供读者之所需；能为图书馆的各项工作提出合理化建议。

（4）**奖项设置**：评选"服务标兵"10 名，颁发证书和奖品。

（5）**评选时间**：即日起至 2018 年 5 月 10 日。

（6）**座谈会时间**：2018 年 5 月 8 日 19：00。

（7）**座谈会地点**：安宁校区图书馆、莲华校区图书馆。

2. **评选结果**

通过对勤工助学岗学生的岗位履职情况、工作量、服务态度等方面的综合评定，评选出"服务标兵"10 名。

3. **报道**

图书馆召开 2018 年世界读书日系列
活动之勤工助学学生座谈交流会

图书馆是大学生进行自主学习、获取知识的重要场所，也是学生参与实践锻炼的实习园地。为了发挥图书馆服务育人和文化育人的功能，提高勤工助学服务质量，培养学生自立自强意识，图书馆于 5 月 8 日在安宁校区和莲华校区同步召开了图书馆勤工助学学生座谈交流会。

图 7-13　安宁校区世界读书日读者座谈会

图 7-14　莲华校区勤工助学学生座谈交流会

安宁校区座谈会由原图书馆信息服务中心主任许琼主持，学生处资助中心老师高亚杰及 25 名勤工助学学生参加会议。许琼对一年来图书馆的勤工助学工作进行了回顾和总结。同学们分享了在勤工助学过程中的收获与成长，对图书馆的管理工作提出了意见及建议。老师们一一解答了同学们提出的问题和困惑，并细致记录建设性意见。高亚杰就勤工助学补助发放流程及发放情况做了介绍和调研，对同学们在图书馆服务工作中做出的努力和付出给予了充分的肯定和感谢，鼓励同学们继续做好勤工助学工作，发挥纽带作用。

莲华校区座谈会由图书馆读者服务部原主任和英主持，文献管理中心原主任李琼、图书馆相关部门老师及15名勤工助学学生参加会议。和英总结了2017—2018年度勤工助学工作情况，并对同学们的工作表示感谢。会议中同学们积极发言，介绍了自己的工作情况，阐述了工作中遇到的问题，并提出意见和建议。各岗位指导老师针对各岗位的问题进行了认真解答，听取了同学们的建议，就如何在今后的工作中提升服务水平为同学们提出建议。

通过此次座谈会，图书馆更全面地了解了勤工助学学生的工作现状，同学们明确了以后努力的方向。同时也加强了勤工助学学生之间的沟通交流，推进了图书馆的勤工助学工作。

（八）"聆听心声"读者座谈交流会

1. 活动发布

倾听读者心声、了解读者需求，是图书馆推进资源建设、利用及服务管理工作有效开展的重要途径。系列活动期间，图书馆将组织读者代表围绕"传承不止　耕耘不息"主题进行座谈交流，就文献资源建设和图书馆服务建言献策，鼓励读者更多地参与图书馆的建设，共同推进图书馆的发展。

（1）**参与对象**："学以致用"信息检索比赛、"寻书捉影"寻书比赛、"经典同行"晒书单活动获奖者，优秀读者以及其他热心读者。

（2）**主办单位**：图书馆。

（3）**时间**：2018年5月17日14：00。

（4）**地点**：安宁校区图书馆。

（5）**内容**：读者代表们就系列活动主题以及图书馆服务畅谈交流，为图书馆资源利用和服务管理等提出宝贵意见和建议。

2. 报道

倾听读者心声，了解读者需求，是图书馆推进资源建设、利用及服务工作有效开展的重要途径。5 月 17 日下午，图书馆在安宁馆三楼会议室召开了 2018 年世界读书日系列活动之"聆听心声"读者座谈交流会。图书馆馆长杨云、各中心主任、图书馆工作人员及勤工助学代表、优秀读者代表、读书日系列活动获奖代表共 50 余人参加了座谈会，会议由文献管理中心老师王霓珊主持。

图 7-15　读者座谈会现场

杨云为大家介绍了图书馆文献资源建设及读者服务等基本情况，对 2018 年世界读书日系列活动做了简要总结。会上，学生们踊跃发言，分享读书心得，为图书馆建设积极建言。来自莲华和安宁两个校区的"服务标兵"代表介绍了图书馆勤工助学岗的工作内容，在各岗位上工作的收获，并表示要做好同学与图书馆之间的桥梁，向身边的同学推广图书馆的服务。"阅读之星"优秀读者从图书馆的环境、功能、服务等几个方面向图书馆提出了建议，同时表达了对阅读的喜爱，对图书馆发展的期待。"经典同行"晒书单的几位获奖代表展示了获奖作品，述说了书籍给他们所带来的人生感悟。"学以致用"信息检索比赛、"寻书捉影"寻书比赛的获奖者向大家分享了他们参与活动的感受以及获奖心得，表达了希望图书馆举办更多活动的愿望。

图7-16　学生分享读书心得

图7-17　读者座谈会现场

通过聆听读者的心声，图书馆工作人员对读者的需求有了更深的了解，也加强了对图书馆自身建设与服务的反思，增进了学生与图书馆工作人员的了解与感情。读者座谈会是读者参与图书馆建设的重要途径，希望更多读者能为图书馆建言献策，共同促进图书馆发展。

（九）颁奖仪式

1. 活动开展情况总结

图 7-18　活动闭幕式

图 7-19　活动主题

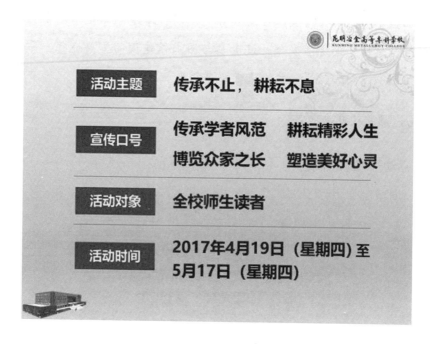

图 7-20　活动详情

序号	内容		活动时间
1	"名师分享"系列讲座活动	读万卷书 行万里路——美国图书馆访问印象	4月19日19:00
		"一带一路"背景下云南跨越式发展	5月17日19:00
2	"汇聚书海"好书征集活动		4月19日—4月30日（长期活动）
3	"学以致用"信息检索比赛		4月26日14:30—4月27日21:30
4	"书香传递"图书捐赠活动		4月19日开始（长期活动）
5	"寻书捉影"寻书比赛		5月3日14:30—17:00
6	"经典同行"晒书单活动		4月19日—5月2日
7	"阅读之星"优秀读者评选		5月
8	"服务标兵"图书馆优秀勤工助学学生评选及座谈交流会		5月8日
9	"聆听心声"读者座谈交流会		5月17日14:00
10	颁奖仪式		5月17日19:00

图 7-21　活动内容及时间

2. 闭幕式致辞

（1）**致辞人**：昆明冶金高等专科学校党委委员、副校长　赵文亮

（2）**闭幕词**

尊敬的赵越馆长，亲爱的老师们、同学们：

晚上好！

为期1个月的"传承不止　耕耘不息"昆明冶金高等专科学校2018年世界读书日系列活动即将在今晚落下帷幕。在此我谨代表学校对世界读书日系列活动的成功举办表示祝贺！对云南财经大学图书馆赵越馆长的到来表示欢迎和感谢！对组织本次活动的校图书馆、学生处、校团委，以及积极响应活动的老师同学们表示诚挚的感谢！

腹有诗书气自华。阅读，涵养人生；阅读，培育气质。多年来，图书馆一直积极开展阅读推广活动，自2013年开始举办世界读书日系列活动，至今已连续举办6年。世界读书日系列活动是我校文化建设的重要组成部分，是我校师生们的盛大节日，也是我校每年的传统活动之一，受到了广大师生的广泛关注与支持。回顾本次世界读书日系列活动，我们举办了系列讲座、好书征集、图书捐赠、寻书比赛、信息检索比赛以及晒书单等活动，评选出了图书馆优秀勤工助学学生以及优秀读者。在系列活动期间，师生们展现出了"好读书，读好书"的求知精神，一批热爱文学、热爱阅读的同学脱颖而出，2017—2018年度图书借阅量最高的读者达116册，入馆次数最高达265次。希望通过这一系列丰富多彩的活动，让阅读走进师生的生活，让图书馆成为师生们汲取精神食粮的港湾，让更多的人爱上阅读、爱上图书馆。

世界读书日系列活动受到了学校的鼎力支持，得到了各学院部门的大力帮助，得到了师生的广泛关注和参与。在此，再一次向支持、帮助本次活动顺利开展的校领导、各学院部门、老师和同学们表达诚挚的谢意！

在社会经济快速发展的今天，我们更需要阅读来放慢脚步，感受生活，在书中寻找力量，在书中思考人生。我们的文化需要在实践中传承，也

需要文字来记载，社会的发展呼唤我们"传承不止　耕耘不息"。在此，我呼吁同学们、老师们，以经典为伴，与好书同行，让读书日成为点燃我们阅读的火种，让读书成为一种生活习惯、一种生活方式，让书籍陪伴我们人生的旅途！

最后，我代表学校再次祝贺 2018 年世界读书日系列活动圆满结束！

3. 报道

我校 2018 年世界读书日系列活动圆满落幕

5 月 17 日，由图书馆、学生工作部（处）、校团委联合举办的 2018 年世界读书日系列活动闭幕式暨《学海讲堂》第 155 讲在安宁举行。昆明冶金高等专科学校副校长赵文亮、云南财经大学图书馆原馆长赵越、学校图书馆馆长杨云、图书馆直属党支部原书记袁立坚、学生处原副处长赵亚芳以及师生代表等参加了闭幕式。闭幕式由图书馆文献管理中心主任李琼主持。

《学海讲堂》第 155 讲暨"名师分享"系列讲座第二讲邀请了云南财经大学图书馆原馆长赵越作题为《"一带一路"倡议背景下云南跨越式发展》的讲座。赵馆长从金融学的研究视角出发，结合实例，对"一带一路"倡议的内涵、战略地位及对世界的贡献进行了解读，具体分析了"一带一路"的愿景与行动。作为"一带一路"的一个重要节点，云南具有独特的区位优势。赵馆长带领大家感受了近年来，云南在高新科技、农业产业、物流等领域取得的"跨越式"发展，并分析了云南在"一带一路"背景下，实现"跨越式"发展的路径，呼吁广大青年学子加入云南省"跨越式"发展的行列，为社会做出更多贡献。

在 2018 年世界读书日系列活动闭幕式上，图书馆播放了历年世界读书日系列活动回顾视频，回顾了 6 年来世界读书日系列活动的精彩瞬间。杨云对此次世界读书日系列活动进行了总结。今年的世界读书日系列活动的主题为"传承不止　耕耘不息"，共举办了 10 项活动。活动期间共举办了两场专家讲座，分别邀请了杨云馆长和赵越馆长主讲。"汇聚书海"好书征集活动，邀请读者通过图书馆微信公众号向图书馆推荐好书，共收到来自全校师生的 32 条推荐书目。"书香传递"图书捐赠活动，共计收到捐赠图书 1828 册，使广大读者分享阅读乐趣的同时共享知识，在知识的传承和交流方面发挥积极的作用。"学以致用"信息检索比赛，共 222 人参赛，12 人获奖，通过比赛提高学生的信息意识与信息获取能力，促进学生掌握文献检索和资料查询的基本方法。"经典同行"晒书单活动，共有 52 位同学分享了他们喜欢的书籍和读书感悟，其中 21 人获奖。"寻书捉影"寻书比赛旨在让同学们更加了解安宁校区图书馆的图书布局和图书查找方法，提高同学们利用图书馆的能力，来自全校 13 个学院的 120 余名同学参与活动，找到了指定图书并凭书中奖券获得奖品。"阅读之星"优秀读者评选活动依据读者年图书借阅量、年进馆次数等数据评选出 20 名优秀读者，其中年借书量最高为 116 册，年入馆次数最高为 265 次。勤工助学岗学生在图书馆的日常服务工作中默默奉献，对图书馆的工作做出了积极贡献。活动期间，图书馆召开了两场勤工助学岗学生座谈交流会，同学们分享了在勤工助学过程中的收获与成长，对图书馆管理工作提出了意见及建议。通过对勤工助学岗学生的岗位履职情况、工作量、服务态度等方面的综合评定，评选表彰了 10 名"服务标兵"。在"聆听心声"读者座谈交流会上，读者代表们对图书馆服务和发展建设等提出了宝贵意见和建议。这一系列活动的成功举办，离不开图书馆、校团委、学生处工作人员的共同努力，也离不开广大师生的踊跃参与和支持。

颁奖仪式上，袁立坚、赵亚芳宣读了各项评选活动的获奖名单。出席闭幕式的嘉宾和领导为获奖同学颁发了奖状及精美奖品，对同学们在活动中做出的努力表示感谢和鼓励。

赵文亮为世界读书日系列活动闭幕式致辞。他代表学校对世界读书日系列活动的成功举办表示祝贺，呼吁师生以经典为伴，"传承不止 耕耘不息"，让读书日成为点燃我们阅读的火种，让读书成为一种生活习惯、一种生活方式。

2018 年世界读书日系列活动虽已闭幕，但这不是终点。图书馆将继续开展更多的阅读推广活动，引导师生多读书、读好书，营造良好的校园读书氛围。希望更多同学参与到读书活动中来，加入阅读的大家庭。

图 7-22　赵越馆长作主题讲座

图 7-23　赵文亮副校长致闭幕词

图 7-24　嘉宾与获奖同学合影

图 7-25　嘉宾及工作人员合影

三、特色活动实践

（一）"经典同行"晒书单活动

1. 活动发布

读书使人明智，读书使人远离喧嚣，读书使人气质优雅。在你的人生当中，有哪些曾经影响过你的人生的书，又有哪些书你想分享给他人，还有哪些你未来决定阅览的书，"经典同行"晒书单邀请各位读者晒出你想与他人分享的书籍、经历和感悟。

（1）**参与对象**：全校师生读者。

（2）**主办单位**：图书馆。

（3）**投稿日期**：2018 年 4 月 19 日至 5 月 2 日。

（4）**活动要求**：

①**作品要求**：参赛者选出个人阅读的最佳书目 5 册，以"书名+作者+推荐理由"的格式整理出来，每本书的推荐理由不多于 150 字。推荐书籍类型不限，内容必须积极向上、健康活泼。

②**参选方式**：请参赛者于 2018 年 4 月 19 日至 5 月 2 日，把作品以 Word 格式发送至图书馆邮箱 kmyzlib@ yeah. net，文件以"姓名+（学院）部门+班级+联系电话"的方式命名。

③**作品评价**：参赛作品将公布在图书馆微信公众号进行网络投票，投票时间为 2018 年 5 月 3—10 日。

（5）**奖项设置**：评选最具人气奖 2 名，最佳走心奖 3 名，最佳分享奖 5 名，优秀奖 10 名，颁发相应的证书和奖品。

2. 获奖作品

（1）**作者**：电气学院　电气 1686 班　陈飞

《从你的全世界路过》张嘉佳

作者以自己在微博上所讲的33个真实的爱情故事而总结编著成的爱情小说。《从你的全世界路过》最初以"睡前故事"系列的名义在网上疯狂流传，他的故事就像朋友在深夜跟你在叙述，叙述他走过的千山万水。当你辗转失眠时，当你需要安慰时，当你等待列车时，当你赖床慵懒时，当你饭后困顿时，应该都能找到一章合适的。

《明朝那些事儿》（伍）当年明月

本书关于明朝正史的一部叙事体小说，文笔幽默，但又最大可能地尊重历史。作者当年明月以通俗小说的方式讲述了六百多年前那场波澜壮阔的元末农民起义，并将继续讲述明朝的历史。关于本书第五册，内容分为两大部分：一为内争；一为外战。内争部分写尽尔虞我诈，云谲波诡；外战部分极言金戈铁马，荡气回肠。

《怎样阅读一本书》莫提默

作者在他的书中由浅入深地对基础阅读，检视阅读，分析阅读和主题阅读这几个阅读阶段进行了介绍。他不仅教我们"怎样阅读"，还教我们"怎么去挑选好书"。学习其中的阅读理念，并将其应用到日常的读书实践中，就会成为一个更加聪明的阅读者。

（2）作者：化工学院　生化1618班　邓声翠

《卡耐基写给年轻人的成功密码》戴尔·卡耐基

这本书可以告诉我们：爱做梦的年轻人，勇于向梦想前进的年轻人，运气一定不会差。毕竟世界如此之大，我们每个人都可能拥有自己所不了解的能力和机会，都有可能做到未曾梦想的事情。关于"赢"，卡耐基在面对生活中的挑战时，时常用这样一句话来提醒自己："我想赢，我一定能赢，结果我又赢了。"它让我们学会选择懂得放弃。

《你不努力，就别怪世界残酷》沈善书

这本书没有对人生放狠话，也没有向生活叫板，而是通过一个又一个的故事、感悟告诉你，永远都有人以你看不见的方式默默奋斗着。本书的每一

篇故事都能给你激励，每一个人物都能给你慰藉，你要拼特色、拼努力、拼坚持，才能把成长中的伤痕，活成耀眼的勋章。

（二）"学以致用"信息检索比赛

1. 活动发布

为全面提高我校学生的信息意识与信息获取能力，促进学生掌握文献检索和资料查询的基本方法，举办"学以致用"信息检索比赛，以此提高学生实践能力，促进综合素质全面发展。

（1）**参赛对象**：全校师生。

（2）**主办单位**：图书馆。

（3）**报名方式**：通过"到梦空间"App参与报名。报名时间：即日起至2018年4月25日。

（4）**比赛时间**：2018年4月26日14：30至4月27日21：30。

（5）**参赛方式及要求**：

参赛者可通过手机微信扫码或电脑客户端进入答题系统，登录后输入姓名、学院、学号（职工号）、电话号码信息完成注册，进入答题。若信息错误，将无法领取奖品。

①通过手机微信扫描下方二维码进入答题页面。

参赛二维码

②电脑客户端点击以下网址进入答题页面：https：//www.101test.com/cand/index？paperId＝MAXDCM。

(6)**题型设置**:比赛试题设有单选、多选、判断,共25题,答题限时30分钟。

(7)**奖项设置**:一等奖2名,二等奖4名,三等奖6名。

四、活动总结

本届读书日系列活动为期29天,共举办10项活动:"名师分享"系列讲座、"汇聚书海"好书征集、"书香传递"图书捐赠活动、"学以致用"信息检索比赛、"经典同行"晒书单活动、"寻书捉影"寻书比赛、"阅读之星"优秀读者评选、"服务标兵"图书馆优秀勤工助学学生评选及座谈交流会、"聆听心声"读者座谈交流会和颁奖仪式。

活动期间共举办了两场专家讲座,第一场由学校图书馆馆长杨云(本人)作《读万卷书 行万里路——美国图书馆访问印象》的讲座,与读者们分享了赴美研修期间到罗格斯大学、普林斯顿大学、哥伦比亚大学、新泽西学院等高校图书馆以及纽约公共图书馆、美国国会图书馆进行交流学习的经历,通过翔实的访问记录和丰富的图片为大家展示美国图书馆的建设与发展。鼓励学生们应充分利用图书馆馆藏资源,培养良好的阅读习惯,走进图书馆、使用图书馆。今天我们又邀请了云南财经大学图书馆馆长赵越教授作题为《"一带一路"倡议背景下云南跨越式发展》的专题讲座。

好书征集是图书馆近几年来着力打造的一项阅读推广活动,我们通过"每周好书推荐"向读者推荐好书,受到师生们的热烈欢迎。在读书日系列活动期间我们开展了"汇聚书海"好书征集活动,读者通过图书馆微信公众号向图书馆推荐好书。通过双向的推荐,搭建读者与图书馆沟通交流的桥梁,实现好书共享的目的。

赠人玫瑰,手留余香。此次"书香传递"图书捐赠活动,共计收到捐赠图书1828册,实现了广大读者分享阅读乐趣的同时共享知识,让知识和智慧串联起来,使更多后来的读者从中受益,在知识的传承和交流方面发挥积极的作用。

"学以致用"信息检索比赛，旨在提高学生的信息意识与信息获取能力，促进学生掌握文献检索和资料查询的基本方法，共222人参赛，其中12人获奖。"经典同行"晒书单活动，共有52位同学分享了他们喜欢的书籍和读书感悟，其中21人获奖。

为了让同学们更加了解安宁校区图书馆的图书布局和图书查找方法，提高同学们利用图书馆的能力，我们举办了"寻书捉影"寻书比赛。来自全校13个学院的120余名同学参与活动，找到了指定图书并凭书中奖券获得奖品。

"阅读之星"优秀读者评选活动共评出20名优秀读者，其中年借书量最高为116册，年入馆次数最高为265次。同时我们还评选了图书馆勤工助学岗"服务标兵"10名，他们认真履行工作职责、服务态度好，在图书馆的日常服务工作中默默奉献，对图书馆的工作做出了积极贡献。

今天下午，我们在图书馆组织了"聆听心声"读者座谈交流会，读者代表们就系列活动主题畅谈交流，优秀读者交流读书心得，"服务标兵"畅谈服务理念，晒书单活动获奖者分享优秀图书，与会代表们对图书馆服务和发展建设等提出了宝贵意见和建议。

现在，我们在这里举行2018年世界读书日系列活动闭幕及颁奖仪式，感谢所有参与的来宾。2018年读书日系列活动虽暂告一段落，但学校读书活动还将继续。全校师生读者们能更加深入地投入读书活动中，让迷人的浓浓书香飘溢在我们的校园，让终身学习、毕生阅读成为一种习惯和风尚，成为昆明冶专的风景与文化！

第八章　"博览古今，纵横知海" 2019年世界读书日系列活动

一、活动方案

书籍承载着人类的文明，阅读让我们跨越历史，穿越时空，博览图书让我们即使未曾经历，也能问古今知中外。在 2019 年 4 月 23 日第 24 个"世界读书日"、学校第五届"技能文化月"活动即将来临之际，学校图书馆、学生处（学生工作部）、校团委将继续举办"博览古今，纵横知海"昆明冶金高等专科学校 2019 年世界读书日系列活动，营造多读书、读好书的文化风尚，培养师生健康积极的阅读精神，鼓励师生在精通专业技能的同时，潜心阅读，沉淀心境，开阔视野。活动安排如下：

活动主题：博览古今，纵横知海

宣传口号：遨游浩瀚书海　品鉴古往今来

　　　　　　谈笑鸿儒之间　俯仰皆为吾师

活动对象：全校师生读者

活动时间：2019 年 4 月 18 日（星期四）至 5 月 16 日（星期四）

欢迎关注图书馆微信公众号，了解活动详情，参与活动。

图书馆微信公众号二维码

活动内容:

(一)"名家讲堂"系列讲座活动

围绕"博览古今,纵横知海"主题,联合"学海讲堂"邀请专家、名师到校作主题讲座,分享他们的人生智慧,激发学生的读书热情,提高阅读兴趣,营造全校学生乐读书、勤学习的校园文化氛围。

1. 专家讲座

主办单位:学生处(学生工作部)、图书馆

主题:图书馆助你放飞梦想

主讲:樊泳雪(云南大学图书馆党总支书记)

时间:2019 年 4 月 18 日 19:00

地点:安宁校区主教学楼第六阶梯教室

2. 专家讲座

主办单位:学生处(学生工作部)、图书馆

主题:正确面对网络信息——做优秀大学生

主讲:杨永锋(昆明冶金高等专科学校宣传部原部长)

时间:2019 年 5 月 16 日 19:00

地点:安宁校区主教学楼第六阶梯教室

(二)"博采群书"好书征集活动

"腹有诗书气自华",阅读会影响一个人的成长,一本好书往往会改变人

的一生。共享共赏好书，增强读者的文化底蕴，提高读者文化修养，世界读书日系列活动之"博采群书"好书征集活动，邀请读者在荐购平台推荐好书，满足读者对文献资料的需求，让阅读伴你我共成长。

1. **参与对象**：全校师生。

2. **主办单位**：图书馆。

3. **活动时间**：2019 年 4 月 18—30 日。

4. **荐书方式**：

进入图书馆微信公众号，点击"微服务大厅"中的"图书荐购"按钮，即可进行图书推荐；您可在"微服务大厅"——"个人资料"中填写 E-mail 地址，后续我们将通过邮件反馈给您荐购通知。

（三）"留影时光"摄影大赛

美就在身边。丰盈的生活，如画的风景，绚烂的青春，用细腻的镜头、独特的视角可以定格这些瞬间的感动与美好。为丰富校园文化生活，活跃校园气氛，提高艺术修养和摄影水平，展现精彩艺术，图书馆在"4·23 世界读书日"活动期间，特举办摄影大赛，征集以生活之美、学习之美、风景之美为主题的摄影作品。

1. **参与对象**：全校师生读者。

2. **主办单位**：校团委、图书馆。

3. **报名方式**：学生请通过"到梦空间"App 参与报名。报名时间：2019 年 4 月 19—22 日，教师无须报名。

4. **作品提交日期**：自报名起截至 2019 年 4 月 29 日。

5. **作品要求和提交方式**：

（1）参赛者围绕生活之美、学习之美、风景之美等主题，拍摄校园风景、人物皆可。个人作品数量 5 张以内。可以是单张照或者组照（组照需标明顺序号）。作品格式为 JPEG 的电子照片。

（2）参赛不能经电脑等途径加工（照片仅可做亮度、对比度、色彩饱和度等适度调整，不得做合成、添加、大幅度改变等技术处理），黑白照片、彩色照片皆可参赛。作品内容要求积极健康，切合主题，体现特色，且为原创作品。

（3）参赛作品电子文件发送至邮箱 kmyzlib@ yeah. net。学生作品文件包标题格式为：学院+班级+姓名+联系电话；教师作品文件标题格式为：姓名+部门+联系电话。照片标题格式为：作品名称+作者+拍摄地点+拍摄时间。

（4）入选作品将制成明信片，于活动结束颁发给获奖者。

6. **作品评奖**：本次比赛设置"最佳视觉效果奖"2 名、"最佳创意奖"3 名、"最佳人气奖"6 名等奖项，颁发相应的证书和奖品。

（四）"共品书香"图书捐赠活动

书香校园，活力传承。图书馆开展"共品书香"图书捐赠活动，拓宽学校图书馆藏书渠道，有效利用图书资源，营造书香校园的氛围，丰富校园文化，图书馆倡议广大师生捐赠自己闲置的书籍，让更多的读者共品图书。

1. **参与对象**：全校师生。

2. **主办单位**：校团委、图书馆。

3. **捐赠时间**：2019 年 4 月 18 日开始。

4. **捐赠地点**：安宁校区图书馆服务大厅

莲华校区图书馆一楼文献管理中心

（五）"探秘书海"寻书比赛

图书馆是图书的海洋，是好书者的乐园。图书馆的藏书数量丰富，种类繁多，但却是按照排架规则井井有条地进行排列的。熟悉图书馆的馆藏布局、排架规则，即可快速寻找到所需书刊。图书馆特举办"探秘书海"寻书比赛，让读者在寻书中发现图书的排架规律，让找书变得轻松愉快。

1. **参与对象**：全校学生读者（图书馆勤工助学岗同学除外）。

2. **主办单位**：图书馆。

3. **报名方式**：通过"到梦空间"App 参与报名，报名时间：即日起至 2019 年 5 月 8 日。

4. **活动规则**：

（1）**活动形式**：在活动规定的时间内，参与者根据图书馆提供的书单，通过图书馆检索系统、图书馆微服务大厅或移动图书馆手机客户端等方法检索出图书在书库中的位置后，在书架上找到指定图书，并抽出夹在书中的奖券。寻书活动结束后凭奖券兑奖（每人限领 2 份）。

（2）**活动时间**：2019 年 5 月 9 日（星期四）14：30—17：00。

（3）**活动地点**：安宁校区图书馆。

（4）**奖品设置**：设奖券 150 份，其中包括 2 份神秘奖品。

（六）"毕业寄语——写给毕业时的自己"活动

毕业季，是未知，是期许。与更好的自己相遇驱使我们不断前进。"毕业寄语——写给毕业时的自己"征文活动，邀请各位读者让心穿越时空，给毕业时的自己写一句话，问问当初的迷茫是否已经消散，现在的梦想是否还在坚持，是否已经活成了向往的模样。

1. **参与对象**：全校师生读者。

2. **主办单位**：图书馆。

3. **报名方式**：通过"到梦空间"App 参与报名，报名时间：2019 年 4 月 19—20 日。

4. **投稿截止日期**：自报名日期起至 2019 年 4 月 29 日。

5. **活动要求**：

（1）**作品要求**：寄语字数在 50 字以内，注明姓名、（学院）部门、班级，内容必须积极向上、健康活泼。

（2）**参选方式**：请参赛者把作品以 Word 格式发送至图书馆邮箱 kmyzlib @ yeah. net，文件以"姓名+（学院）部门+班级+联系电话"的方式命名。

6. 入选作品将制成明信片，于活动结束后颁发给获奖者。

（七）"书香之星"优秀读者评选

为了激发读者的阅读热情，充分发挥图书馆文献资源的作用，加强校园文化建设，培养读者的阅读习惯，让越来越多的师生爱书、读书，让更多的读者走进图书馆、利用图书馆，图书馆面向全校学生读者开展"书香之星"优秀读者评选活动。

1. **参与对象**：全校学生读者。

2. **主办单位**：图书馆。

3. **评选条件**：

（1）**书刊借阅量大**：主要参考读者 2018—2019 年度借阅图书的统计情况。

（2）**入馆次数**：参考图书馆 2018—2019 年度门禁统计数据。

（3）**诚信无违纪**：统计期间的借阅活动无违纪、违规及其他不良记录情况。

（4）**参与图书馆活动**：配合、支持图书馆工作，向图书馆提出合理化建议，能熟练利用图书馆文献信息资源，积极参加图书馆组织的各项读者活动。

4. **评选时间**：即日起 2019 年 5 月 7 日。

5. **奖项设置**："书香之星"优秀读者 20 名，颁发荣誉证书和奖品。

（八）"服务之星"图书馆优秀勤工助学学生评选及座谈交流会

为更好地发挥勤工助学在学生发展和成才中的重要作用，进一步激发广大勤工助学同学参与勤工助学岗工作的积极性，图书馆在参与图书馆管理与服务的勤工助学岗学生中评选"服务之星"，并给予表彰奖励，以更好地提高服务质量，培养学生自立自强意识。

活动期间，将邀请参与图书馆勤工助学岗的所有同学齐聚一堂，就各自在服务工作中遇到的问题以及图书馆各项管理工作等进行互动交流，增进学生与图书馆工作人员之间的了解和感情，推进图书馆勤工助学工作再上新台阶。

1. **评选及参会对象**：图书馆勤工助学岗全体学生。

2. **主办单位**：图书馆、学生处。

3. **评选条件**：工作责任心强，踏实肯干，能保质保量完成任务；接待读者礼貌热情，行为举止文明得体；全心全意为读者服务，提供读者之所需；能为图书馆的各项工作提出合理化建议。

4. **奖项设置**：评选"服务之星"10 名，颁发证书和奖品。

5. **评选时间**：即日起至 2019 年 5 月 7 日。

6. **座谈会时间**：2019 年 5 月

7. **座谈会地点**：安宁校区图书馆、莲华校区图书馆。

（九）"倾听·分享"读者座谈交流会

读者座谈与交流会是图书馆与读者、读者与读者之间交流的一个平台，旨在不断改善图书馆的服务质量，提升服务水平，增进读者与图书馆、读者与读者之间的感情。系列活动期间，图书馆将组织读者代表围绕"博览古今，纵横知海"主题进行文献资源建设和图书馆服务建言献策，鼓励读者更多地参与图书馆的建设，共同推进图书馆的发展。

1. **参与对象**："留影时光"摄影大赛、"毕业寄语——写给毕业时的自己"活动、"探秘书海"寻书比赛获奖者，优秀读者以及其他热心读者。

2. **主办单位**：图书馆。

3. **时间**：2019 年 5 月 16 日 14∶00。

4. **地点**：安宁校区图书馆。

5. **内容**：读者代表们就系列活动主题以及图书馆服务畅谈交流，为图书馆资源利用和服务管理等提出宝贵意见和建议。

（十）颁奖仪式

在学校 2019 年世界读书日系列活动尾声，将举行闭幕仪式，对本次活动进行总结和表彰。

1. **参与对象**：学校相关领导、图书馆相关工作人员、读者代表。

2. **主办单位**：图书馆、学生处（学生工作部）、校团委。

3. **时间**：2019 年 5 月 16 日 19:00。

4. **地点**：安宁校区主教学楼第六阶梯教室。

5. **内容**：

（1）2019 年世界读书日系列活动总结。

（2）为"留影时光"摄影大赛获奖者、"毕业寄语——写给毕业时的自己"活动获奖者，以及优秀读者、优秀勤工助学学生颁奖。

（3）宣布活动结束。

二、传统活动实践

（一）开幕式

1. 开幕式致辞

（1）**致辞人**：昆明冶金高等专科学校党委委员、副校长　赵文亮

（2）**开幕词**

亲爱的老师、同学们：

大家晚上好！

在这春暖花开的日子里，伴随着春的旋律，我们迎来了昆明冶金高等专科学校 2019 年世界读书日系列活动的开幕，同时也是《学海讲堂》第 182 讲活动。我谨代表学校对活动的举办表示祝贺！对云南大学图书馆樊泳雪书记的到来表示诚挚的感谢！向莅临开幕式的各位老师、同学们表示热烈的欢迎！

为了让读书成为人民日常生活中不可或缺的一部分，并尊重和感谢为人类文明做出过巨大贡献的文学、文化、科学、思想大师们，1995 年，联合国

教科文组织宣布 4 月 23 日为"世界读书日"。自"世界读书日"确定以来，已有超过 100 个国家和地区参与此项活动。我校世界读书日系列活动自 2013 年举办以来，立足昆明冶专校情和学生阅读现状，以文化传承和引导阅读为目的，集知识性、趣味性、互动性于一体，始终坚持以传统项目为基础，以特色项目为推广。通过开展系列活动引导学生阅读经典、了解中华传统文化，激发学生的读书兴趣，以活动促学习，营造浓厚的校园阅读氛围，提升审美修养和人文底蕴，传承中华民族优秀传统文化。昆明冶专的读书日系列活动经过多年的连续开展，在校内打响了知名度并形成了一定影响力，奠定了良好的读者基础，受到了学校广大师生的支持与喜爱，也吸引了越来越多的读者走进图书馆，使用图书馆。近几年，图书馆馆藏资源利用率不断增加，到馆人数逐年上升，纸质资源借阅量及电子资源访问量不断提高。2018 年接待读者超过 156 万人次，比上一年度增加 15 万人次，增长率约为 11%。其中，接待到馆读者 24 万人次，比上一年度增加近 3 万人次。电子资源访问量 132 万次，比上一年度增加 12 万次。每年评选出的优秀读者的图书年借阅量、进馆次数都呈逐年上升趋势，2018 年最高年图书借阅量达到 116 册，进馆次数高者达 265 次。

读书不能改变人生的长度，但可改变人生的厚度；读书不能改变人生的起点，但可改变人生的终点。今天，2019 年"博览古今，纵横知海"世界读书日系列活动已经启动。携手经典，博览群书；浸润书香，纵横知海。希望大家一如既往地热情参与，让读书成为习惯，让书香溢满校园。敬请期待我们 2019 年丰富多彩的世界读书日系列活动！

我宣布昆明冶金高等专科学校"博览古今，纵横知海"2019 年世界读书日系列活动开幕！

2. 校领导讲话

（1）**讲话人：**昆明冶金高等专科学校副校长　余宇楠

（2）**讲话稿**

关于学校校园文化建设讲话稿

各位领导、老师、同学们：

大家晚上好！

非常高兴参加2019年世界读书日系列活动的开幕暨学海讲堂第182讲活动。学校是文化的重要传播基地，文化是学校的灵魂，是学校的内涵，是学校素质教育的重要内容和核心载体。

唐朝大儒韩愈曾说："如濡目染，不学以能。"校园文化建设是实现立德树人的本质要求。一个美好的文化校园环境不仅让师生心情舒畅，而且让师生能够形成共同的价值观，激发师生的主人翁情感。校园文化建设是提升学校办学品质的客观要求。教育的发展说到底是文化内涵的发展，学校的竞争说到底是文化内涵的竞争。校园文化建设是办好优质教育的现实需要。优质教育的标志就是为社会培养大批有知识、有能力、有良好人格和个性的人才，相对而言，课堂教学是一种共性的教育活动，而校园文化活动，如体育、科技、文艺等活动，有利于陶冶情操，培养健康人格，促进师生全面发展。长期以来，我校都十分注重校园文化建设，在学校特色文化上下功夫，加大学校特色文化建设的工作力度，促进教育均衡发展。

2018年学校以"新时代　新征程　新作为"为主题，围绕"中国声音正传播""礼敬中华优秀传统文化""共创健康美好生活""技能点亮人生"等6个主题，开展了22项校级重点活动。所办活动突出精品、打造品牌，体现普遍性和参与性。各活动牵头部门科学充分地整合资源，形成有效的工作合力，充分发挥思想引领、文化育人、活动多样功能。我校世界读书日系列活动是围绕"礼敬中华优秀传统文化"主题开展的阅读推广活动，是促进学生综合素质提高、传承中华优秀传统文化的重要方式之一，获得了广大师生的欢迎与支持。

校园文化是一所学校的品牌，是反映学校教育管理水平的一面镜子。多年来，全校上下齐心协力，我们的校园文化建设取得了可喜成绩。校风、校训、教风、学风无不彰显我校办学特色，体现我校办学理念。随着学校的不断发展，我们将进一步推进校园文化建设向更高层次发展。

最后预祝昆明冶金高等专科学校2019年世界读书日系列活动圆满成功！

3. 活动方案介绍

2019年世界读书日系列活动简介

图8-1　活动开幕式

图8-2　活动主题

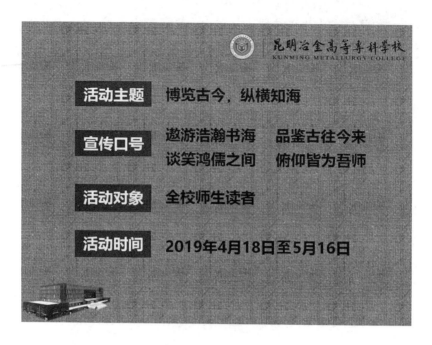

图8-3　活动详情

世界读书日系列活动

序号	内容		活动时间
1	"名家讲堂"系列讲座活动	图书馆助你放飞梦想	4月18日
		正确面对网络信息——做优秀大学生	5月16日
2	"博采群书"好书征集活动		4月18—4月30日（长期活动）
3	"留影时光"摄影大赛		4月19—4月29日
4	"共品书香"图书捐赠活动		4月18日开始（长期活动）
5	"探秘书海"寻书比赛		5月9日
6	"毕业寄语——写给毕业时的自己"活动		4月19—4月29日
7	"书香之星"优秀读者评选		5月
8	"服务之星"图书馆优秀勤工助学学生评选及座谈交流会		5月
9	"倾听·分享"读者座谈交流会		5月16日
10	颁奖仪式		5月16日

图8-4　活动内容及时间

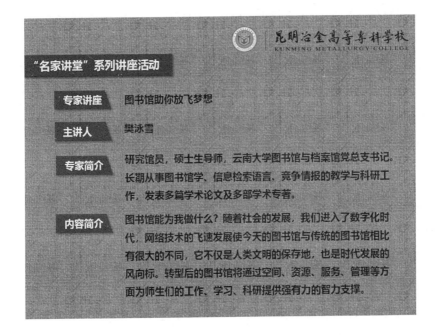

图 8-5 专家讲座介绍

4. 报道

我校 2019 年世界读书日系列活动启动仪式
暨《学海讲堂》第 182 讲在安宁校区举行

为迎接第 24 个世界读书日的来临，由我校图书馆、学生处（学生工作部）、校团委联合举办的"博览古今，纵横知海"2019 年世界读书日系列活动启动仪式暨《学海讲堂》第 182 讲于 4 月 18 日晚在安宁校区举行。昆明冶金高等专科学校副校长赵文亮、副校长余宇楠、图书馆馆长杨云、学生处原副处长赵亚芳以及师生代表参加了启动仪式，同时邀请了云南大学图书馆与档案馆党总支书记樊泳雪为《学海讲堂》第 182 讲开讲。仪式由图书馆文献管理中心王霓珊主持。

赵文亮在致辞中指出，昆明冶专的读书日系列活动经过多年的连续开展，在校内打响了知名度并形成了一定影响力，奠定了良好的读者基础，受到了学校广大师生的支持与喜爱。希望大家一如既往地热情参与读书日系列活动，以活动促学习，营造浓厚的校园阅读氛围，提升审美修养和人文底蕴，传承中华民族优秀传统文化。

余宇楠介绍了我校校园文化建设的基本情况。余宇楠表示，世界读书日系列活动是围绕"礼敬中华优秀传统文化"主题开展的阅读推广活动，是促进学生综合素质提高、传承中华优秀传统文化的重要方式之一。他呼吁全校师生积极参与活动，让读书成为习惯，让书香溢满校园。

杨云介绍了今年世界读书日系列活动的基本内容及安排，并诚挚邀请学校广大师生积极参与各项活动。

启动仪式结束后，学校《学海讲堂》第182讲开讲，樊泳雪作了题为《图书馆助你放飞梦想》的专题讲座。她从"图书馆空间再造""资源建设""深层次服务"3个方面，向师生们介绍了图书馆的发展以及图书馆如何为读者的工作、学习、科研提供强有力的智力支撑，并倡导大家充分利用图书馆资源和服务，让图书馆为我们的梦想助力。通过聆听此次讲座，同学们对图书馆的空间、资源、服务、管理等有了更深入的了解，对今后充分利用馆藏资源开展学习和生活起到了积极的促进作用。讲座之后，同学们领取了世界读书日系列活动精美书签。

图8-6　赵文亮副校长致开幕词

图 8-7　余宇楠副校长讲话

图 8-8　樊泳雪作主题讲座

图 8-9　嘉宾及工作人员合影

（二）"名家讲堂"系列讲座活动

1. 讲座一：图书馆助你放飞梦想

（1）活动发布

围绕"博览古今，纵横知海"主题，联合《学海讲堂》邀请专家、名师到校作主题讲座，分享他们的人生智慧，激发学生的读书热情，提高阅读兴趣，营造学生乐读书、勤学习的校园文化氛围。

主题：图书馆助你放飞梦想

主讲人：樊泳雪（云南大学图书馆党总支书记）

时间：2019 年 4 月 18 日 19：00

地点：安宁校区教学大楼第六阶梯教室

主办单位：学生处（学生工作部）、图书馆

内容简介：图书馆能为我做什么？随着社会的发展，我们进入了数字化时代，网络技术的飞速发展使今天的图书馆与传统的图书馆相比有很大的不

同，它不仅是人类文明的保存地，也是时代发展的风向标。转型后的图书馆将通过空间、资源、服务、管理等方面为师生们的工作、学习、科研提供强有力的智力支撑。

专家简介：樊泳雪，研究馆员，硕士生导师，长期从事图书馆学、信息检索语言、竞争情报的教学与科研工作，发表多篇学术论文及多部学术专著。现任云南大学图书馆党总支书记。

诚邀广大师生读者届时参与！

（2）讲座内容

图 8-10 图书馆助你放飞梦想

2. 讲座二：正确面对网络信息——做优秀大学生

（1）活动发布

围绕"博览古今，纵横知海"主题，联合《学海讲堂》邀请专家、名师到校作主题讲座，分享他们的人生智慧，激发学生的读书热情，提高阅读兴趣，营造全校学生乐读书、勤学习的校园文化氛围。

主　题：正确面对网络信息——做优秀大学生

主讲人：杨永锋（昆明冶金高等专科学校党委宣传部原部长）

时　间：2019 年 5 月 16 日 19：00

地　点：安宁校区主教学楼第六阶梯教室

主办单位：学生处（学生工作部）、图书馆

内容简介：

一是网络信息基本情况。

二是以网络信息为基础的网络文化特点。

三是正确认识网络信息，做优秀大学生。

专家简介：杨永锋，昆明冶金高等专科学校党委宣传部原部长，历任学校创新工程办公室副主任、学校团委书记、学校学工部部长（学生处处长）。多次获优秀班主任称号，曾荣获全国优秀辅导员、全国优秀教师称号。

诚邀广大师生读者届时参与！

（2）讲座内容

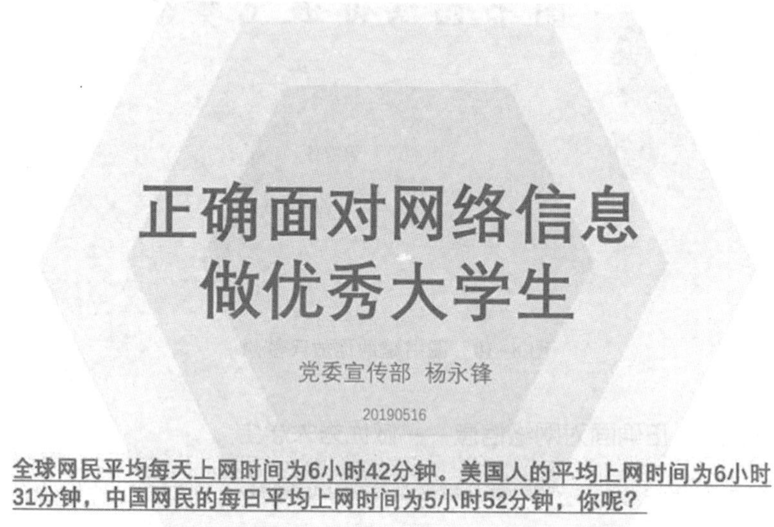

正确面对网络信息
做优秀大学生

党委宣传部 杨永锋

20190516

全球网民平均每天上网时间为6小时42分钟。美国人的平均上网时间为6小时31分钟，中国网民的每日平均上网时间为5小时52分钟，你呢？

图 8-11　正确面对网络信息——做优秀大学生

（三）"博采群书" 好书征集活动

1. 活动发布

"腹有诗书气自华"，阅读会影响一个人的成长，一本好书往往会改变人的一生。共享共赏好书，增强读者的文化底蕴，提高读者文化修养，世界读书日系列活动之"博采群书"好书征集活动，邀请读者在荐购平台推荐好书，满足读者对文献资料的需求，让阅读伴你我共成长。

（1）**参与对象**：全校师生。

（2）**主办单位**：图书馆。

（3）**活动时间**：2019 年 4 月 18—30 日。

（4）**荐书方式**：

进入图书馆微信公众号，点击"微服务大厅"中的"图书荐购"按钮，即可进行图书推荐；您可在"微服务大厅"—"个人资料"中填写 E-mail 地址，后续我们将通过邮件反馈给您荐购通知。

2. 活动情况

2019 年 4 月 18—30 日举行了 2019 年世界读书日系列活动之"博采群书"好书征集活动。

此次活动依托图书馆 2017 年底所更换的自动化管理系统 interlib3.0，实现了真正意义上的图书移动荐购。在 2018 年对系统各项功能试用、熟悉的基础上，今年广大师生读者可通过该系统嵌入图书馆微信公众号"微信服务大厅"中的"图书荐购"功能，实现 24 小时对图书的荐购。活动共收到来自校领导、有关学院（部门）及学生的 70 余条图书荐购信息。例如，学校副校长赵文亮、副书记代祖良、图书馆馆长等师生都参与到活动中，分别荐购了《测绘地理信息法律法规与技术标准》《改革开放元勋画传丛书》《云南百位历史名人传记丛书》等图书。此次师生所荐购的图书涵盖了社会、人文、历史、科技等类别，这为"读者需求—图书采购"通道的搭建提供了友好的平台，为图书资源的有效采买提供了依据。

今后，读者图书荐购活动将作为一个长期活动在学校进行推广。其中"图书荐购"功能平台的推广应用将作为今后图书资源采访工作中的一个重要环节，以了解广大师生的阅读需要，进一步提高对图书资源的优质配置。

（四）"共品书香"图书捐赠活动

1. 活动发布

书香校园，活力传承。图书馆开展"共品书香"图书捐赠活动，拓宽学校图书馆藏书渠道，有效利用图书资源，营造书香校园的氛围，丰富校园文化，图书馆倡议广大师生捐赠自己闲置的书籍，让更多的读者共品图书。

（1）**参与对象**：全校师生

（2）**主办单位**：校团委、图书馆

（3）**捐赠时间**：2019 年 4 月 18 日开始

（4）**捐赠地点**：安宁校区图书馆服务大厅

莲华校区图书馆一楼文献管理中心

2. 捐书倡议书

亲爱的读者：

书中有你们求知的汗水，书中有你们最美好的回忆。一册书籍一份情，一缕书香一片心，图书馆面向广大师生读者发出图书捐赠邀请。也许一个人的捐献有限，但涓涓细流，汇聚成海，有您的踊跃参与，定可汇成一片知识的海洋。

请您将那些凝聚着人类知识、曾给予您丰富营养的书籍作为一份珍贵的礼物捐赠予学校，使图书承载的知识得以传播。符合收藏条件的图书我们将入藏到图书馆，不符合收藏条件的图书将会放到图书漂流区进行漂流，让更多的同学能分享到你们所传递的知识！

"赠人玫瑰，手有余香"，您的慷慨捐赠将通过图书馆惠泽后学，您的爱心奉献也将通过图书馆永久传递。我们真诚期待您的参与，相信有您的爱心相助，图书馆这片知识的海洋会更加浩瀚深邃，成为学子茁壮成长的摇篮。

捐赠时间：即日开始（活动长期开展）

捐赠地点：安宁校区图书馆服务大厅

莲华校区图书馆一楼文献管理中心

捐赠热线：138××××9923 许老师（安宁校区）

0871—6605××××李老师（莲华校区）

对您的爱心和支持，再次表示衷心感谢！

昆明冶金高等专科学校图书馆

二〇一九年四月

（五）"探秘书海"寻书比赛

1. 活动发布

图书馆是图书的海洋，是好书者的乐园。图书馆的藏书数量丰富，种类繁多，但却是按照排架规则井井有条地进行排列的。熟悉图书馆的馆藏布局、排架规则，即可快速寻找到所需书刊。图书馆特举办"探秘书海"寻书比赛，让读者在寻书中发现图书的排架规律，让找书变得轻松愉快。

（1）**参与对象**：全校学生读者（图书馆勤工助学岗同学除外）。

（2）**主办单位**：图书馆。

（3）**报名方式**：通过"到梦空间"App 参与报名。报名时间：即日起至 2019 年 5 月 8 日。

（4）**活动规则**：

①**活动形式**：在活动规定的时间内，参与者根据图书馆提供的书单，通过图书馆检索系统、图书馆微服务大厅或移动图书馆手机客户端等方法检索出图书在书库中的位置后，在书架上找到指定图书，并抽出夹在书中的奖券。寻书活动结束后凭奖券兑奖（每人限领 2 份）。

②**活动时间**：2019 年 5 月 9 日（星期四）14：30—17：00。

③**活动地点**：安宁校区图书馆。

④**奖品设置**：设奖券 150 份，其中包括 2 份神秘奖品。

2. 报道

5月9日下午，2019年世界读书日系列活动之"探秘书海"寻书比赛在安宁校区图书馆举办。本次活动面向全校各年级学生开展，旨在通过比赛让更多同学走进图书馆，使用图书馆。

赛前，图书馆工作人员向参赛同学介绍了比赛规则及检索技巧。共有140名学生通过"到梦空间"报名参赛，其中2018级学生表现优异，共73名学生参与，占参赛人数的52%。来自建工学院的罗浩洋迅速掌握了寻书技巧，用较短时间找到了指定图书。通过寻书活动，同学们进一步熟悉了图书馆的藏书体系和图书排架规律，发现了更多新书、好书。

寻书比赛一直以来深受广大学生喜爱，连续几年的成功举办使学生增强了对图书馆馆藏资源及藏书布局的了解，熟练掌握了查找图书的基本方法与技巧，为提高图书馆资源利用率打下了坚实基础。

图 8-12　参赛同学正在寻找奖券

图 8-13　参赛同学找到奖券

图 8-14　兑换奖品

（六）"书香之星"优秀读者评选

1. 活动发布

为了激发读者的阅读热情，充分发挥图书馆文献资源的作用，加强校园文化建设，培养读者的阅读习惯，让越来越多的师生爱书、读书，让更多的读者走进图书馆、利用图书馆，图书馆面向全校学生读者开展"书香之星"优秀读者评选活动。

（1）**参与对象**：全校学生读者。

（2）**主办单位**：图书馆。

（3）**评选条件**：

①书刊借阅量大：主要参考读者2018—2019年度借阅图书的统计情况。

②入馆次数：参考图书馆2018—2019年度门禁统计数据。

③诚信无违纪：统计期间的借阅活动无违纪、违规及其他不良记录情况。

④参与图书馆活动：配合、支持图书馆工作，向图书馆提出合理化建议，能熟练利用图书馆文献信息资源，积极参加图书馆组织的各项读者活动。

（4）**评选时间**：即日起至2019年5月7日。

（5）**奖项设置**："书香之星"优秀读者20名，颁发荣誉证书和奖品。

2. 评选结果

依据读者年图书借阅量、年进馆次数等数据，图书馆评选出"书香之星"20名，"荣誉读者"2名。

（七）"服务之星"图书馆优秀勤工助学学生评选及座谈交流会

1. 活动发布

为更好地发挥勤工助学在学生发展和成才中的重要作用，进一步激发广大勤工助学同学参与勤工助学岗工作的积极性，图书馆在参与图书馆管理与服务的勤工助学岗学生中评选"服务之星"，并给予表彰奖励，更好地提高服务质量，培养学生自立自强意识。

活动期间，将邀请参与图书馆勤工助学岗的所有同学齐聚一堂，就各自在服务工作中遇到的问题以及图书馆各项管理工作等进行互动交流，增进学生与图书馆工作人员之间的了解和感情，推进图书馆勤工助学工作再上新台阶。

（1）**评选及参会对象**：图书馆勤工助学岗全体学生。

（2）**主办单位**：图书馆、学生处。

（3）**评选条件**：工作责任心强，踏实肯干，能保质保量完成任务；接待读者礼貌热情，行为举止文明得体；全心全意为读者服务，提供读者之所需；能为图书馆的各项工作提出合理化建议。

（4）**奖项设置**：评选"服务之星"10 名，颁发证书和奖品。

（5）**评选时间**：即日起至 2019 年 5 月 7 日。

（6）**座谈会时间**：2019 年 5 月。

（7）**座谈会地点**：安宁校区图书馆、莲华校区图书馆。

2. 评选结果

通过对勤工助学岗学生的岗位履职情况、工作量、服务态度等方面的综合评定，评选出"服务之星"10 名。

3. 报道

为更好地发挥勤工助学在学生发展和成才中的重要作用，培养学生自立自强意识，进一步提高图书馆服务质量，图书馆分别于 5 月 7 日、9 日晚，在莲华校区与安宁校区召开勤工助学岗座谈交流会。

莲华校区座谈会由昆明冶金高等专科学校图书馆读者服务中心原主任和英主持，学生处原副处长常青青、图书馆相关部门老师及 17 名勤工助学学生参加会议。和英回顾和总结了本年度勤工助学工作基本情况、设岗原则及相关工作的开展。同学们根据自己在岗位上的实际工作情况，对图书馆管理工作提出了宝贵的意见及建议。老师们详细解答了学生们提出的问题。常青青对图书馆勤工助学工作所取得的成绩给予了肯定，勉励同学们珍惜来之不易的工作机会，通过勤工助学磨炼心智，增强责任心，同时希望同学们做好图书馆与师生读者间的纽带，做好学风建设的助推者。

安宁校区座谈会由图书馆信息服务中心主任许琼主持，学生处资助中心老师高亚杰、图书馆相关部门老师及25名勤工助学学生参加会议。许琼向大家介绍了图书馆勤工助学工作的开展情况，总结了在勤工助学工作中所取得的成绩和遇到的问题，对所有学生的辛勤付出表示了感谢。同学们交流了各自在服务工作中遇到的问题，分享了在勤工助学过程中的收获与成长，并对图书馆管理工作提出了意见及建议。老师们就学生提出的问题做了详细解答，并仔细记录对图书馆的建设性意见。高亚杰就近期勤工助学补助发放情况做了说明，并对同学们在图书馆服务工作中做出的努力和付出给予了充分的肯定和感谢，鼓励同学们继续做好勤工助学工作，为全校师生提供更优质的服务。

此次座谈会，调动了勤工助学学生工作的积极性，增进了学生与图书馆工作人员之间的了解和沟通，推进了图书馆的勤工助学工作。

图8-15　安宁校区世界读书日读者座谈会

图 8-16　莲华校区勤工助学同学座谈会

（八）"倾听·分享" 读者座谈交流会

1. 活动发布

读者座谈交流会是图书馆与读者、读者与读者之间交流的一个平台，旨在不断改善图书馆的服务质量、提升服务水平、增进读者与图书馆、读者与读者之间的感情。系列活动期间，图书馆将组织读者代表围绕"博览古今，纵横知海"主题，就文献资源建设和图书馆服务建言献策，鼓励读者更多地参与图书馆的建设，共同推进图书馆的发展。

（1）**参与对象**："留影时光" 摄影大赛、"毕业寄语——写给毕业时的自己" 活动、"探秘书海" 寻书比赛获奖者，优秀读者以及其他热心读者。

（2）**主办单位**：图书馆。

（3）**时间**：2019 年 5 月 16 日 14:00。

（4）**地点**：安宁校区图书馆。

（5）**内容**：读者代表们就系列活动主题以及图书馆服务畅谈交流，对图书馆资源利用和服务管理等提出宝贵意见和建议。

2. 报道

为加强图书馆与读者的沟通和交流，进一步提升服务和管理水平，图书馆于5月16日在安宁馆三楼会议室召开2019年世界读书日系列活动之"倾听·分享"读者座谈会。图书馆馆长杨云、各中心主任、图书馆工作人员以及优秀读者代表、勤工助学代表、读书日系列活动获奖代表、热心读者共50余人参加了座谈会。会议由文献管理中心副主任肖萌主持。

杨云对参加座谈会的读者代表们表示热烈欢迎和感谢，希望代表们畅所欲言，为提升图书馆的服务与管理建言献策。文献管理中心主任李琼介绍了图书馆资源、服务及人员队伍等方面的基本情况，对2019年世界读书日系列活动进行了回顾总结。

图8-17 读者座谈会现场

座谈会气氛融洽活跃，与会读者们围绕"博览古今，纵横知海"活动主题积极发言。"书香之星"优秀读者畅谈读书心得，叙述阅读经历，表达了对图书馆的喜爱；"服务之星"勤工助学岗同学向大家介绍了岗位工作情况，畅谈工作中的成长与收获；活动获奖同学通过展示获奖作品，分享了他们的创作灵感。读者们就图书馆文献资源建设、服务、环境等提出了宝贵的意见和建议，期待图书馆今后开展更多的阅读推广活动。

图 8-18 学生分享读书心得

图 8-19 获奖同学合影

读者座谈会是图书馆与读者、读者与读者之间交流的平台，通过倾听读者心声、了解读者需求，进一步改善图书馆服务质量、提升服务水平，为学校教学、科研和育人提供有力保障。

（九）闭幕式

1. 活动开展情况总结

图 8-20　活动闭幕式

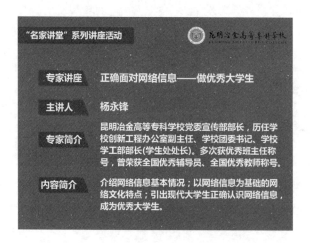

图 8-21　专家讲座介绍

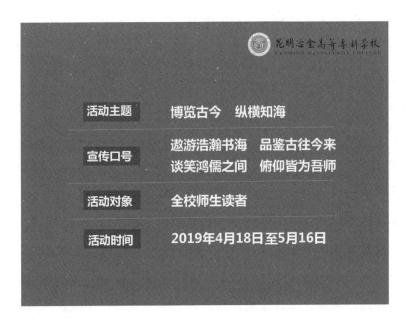

图 8-22　活动详情

2. 闭幕式致辞

（1）**致辞人**：昆明冶金高等专科学校学生处原处长　杨浩

（2）**闭幕词**

尊敬的各位老师，亲爱的同学们：

"博览古今，纵横知海"昆明冶金高等专科学校 2019 年世界读书日系列活动，历时 1 个月，在全校师生读者的积极参与下，圆满完成了各项活动，并将在今晚落下帷幕。在此我谨代表学校对读书日系列活动的成功举办表示祝贺！对组织本次活动的校图书馆、学生处、校团委，以及积极响应活动的老师同学们表示诚挚的感谢！

学校在培养学生专业技能的同时，尤为重视对学生人文素质的培养，希望通过开展持续性的系列活动推广阅读，传承中华文化，提高学生人文素质修养。开展世界读书日系列活动是昆明冶专图书馆促进学生综合素质提高、传承中华优秀传统文化的重要方式之一，活动立足于昆明冶专校情、学生阅读现状，经历了多年的发展。昆明冶金高等专科学校世界读书日系列活动起源于2001年的"读书文化月",每年10月开展专家讲座、有奖征文等活动,2013年重新设计推出"世界读书日系列活动",每年4—5月定期举办,每期1个主题,为期1个月,至今已连续举办7年,受到了全校师生的广泛关注与参与。今年的读书日系列活动,共举办专家讲座、寻书比赛、好书征集、图书捐赠、摄影大赛、毕业寄语、读者座谈会等10项活动,收到了师生读者的优秀作品及大批捐赠图书,并在读者座谈会上,倾听读者心声,记录读者建议。

在本次世界读书日系列活动中,也涌现出一批热爱阅读、享受阅读、追求知识、爱好文学的师生读者。2018—2019年度图书借阅量最高的读者达66册,入馆次数最高的达204次。正是读者们对世界读书日系列活动的支持与喜爱,推动每一年的读书日系列活动的内容不断创新,影响面不断扩大,在此真诚希望有更多师生加入阅读的队伍中来。

读书足以怡静、足以博采、足以长才。阅读给人以智慧,给民族以力量。一个书香充盈的校园才是真正的教育园地,才能培养德智体美劳综合发展的现代型人才。同学们,老师们,立身以立学为先,立学以读书为本,让我们放慢生活的脚步,在阅读中汲取养分,读万卷书,行万里路!

最后,我代表学校再次祝贺2019年世界读书日系列活动圆满结束!

3. 报道

昆明冶金高等专科学校2019年世界
读书日系列活动圆满落幕

5月16日,昆明冶金高等专科学校2019年世界读书日系列活动闭幕式暨《学海讲堂》第186讲在安宁校区举行。昆明冶金高等专科学校宣传部原部长杨永锋、学生处原处长杨浩、图书馆馆长杨云以及师生代表参加了闭幕式。闭幕式由图书馆文献管理中心王霓珊主持。

在"名师讲堂"系列讲座暨《学海讲堂》第186讲中,杨永锋为师生作了题为《正确面对网络信息——做优秀大学生》的讲座。他为大家深刻解读了习近平总书记出席纪念五四运动 100 周年大会发表的重要讲话精神，指出了青年所面临的严峻形势。从网络信息的基本情况入手，剖析了以网络信息为基础的网络文化的特点，分析了如何从意识形态角度正确看待网络信息，并呼吁广大学生不断提升个人的网络素养，做到"四个正确认识"，坚定"四个自信"，牢记使命，肩负责任，做爱党爱国的大学生。

讲座结束后，隆重举行了读书日系列活动闭幕仪式。图书馆播放了历年世界读书日系列活动回顾视频，展示了 7 年来世界读书日系列活动的丰富项目及精彩瞬间。杨云总结了此次世界读书日系列活动的各项活动开展情况。今年世界读书日以"博览古今，纵横知海"为主题，为期 29 天，共举办了10 项活动。活动期间，共举办了两场专家讲座，分别由云南大学图书馆与档案馆党总支书记樊泳雪和昆明冶金高等专科学校宣传部原部长杨永锋开讲。"博采群书"好书征集活动邀请广大师生读者通过图书馆微信公众号向图书馆推荐好书，共收到来自校领导、有关学院（部门）及学生的 70 余条图书荐购信息，涵盖了社会、人文、历史、科技等图书。"共品书香"图书捐赠活动，共计收到捐赠图书 1556 册，拓宽了学校图书馆藏书渠道，实现了有效利用图书资源、营造书香校园氛围、丰富校园文化的作用。"留影时光"摄影大赛，旨在丰富校园文化生活，活跃校园气氛，提高学生艺术修养和摄影水平，共 136 人参赛，11 人获奖。"毕业寄语——写给毕业时的自己"活动，共有 181 位同学参与活动，给毕业时的自己留下了寄语，其中 11 人获奖。为了让同学们更加了解安宁校区图书馆的图书布局和图书查找方法，提高同学们利用图书馆的能力，图书馆举办了"探秘书海"寻书比赛，来自全校 8 个学院的 140 余名同学参赛，97 人找到指定图书并凭书中奖券获得奖品。"书香之星"优秀读者评选活动共评出 20 名优秀读者、2 名荣誉读者，其中，年借书量最高为 66 册，年入馆次数最高者为 204 次。根据图书馆勤工助学岗学生的履职情况，评选了认真履行工作职责，对图书馆的工作做出积极贡献的勤工助学岗"服务之星"10 名。在莲华校区和安宁校区召开了两场勤工助学岗座谈交流会，勤工助学岗同学在会上交流了工作经验及感悟，并对图书馆的管理与建设提出意见和建议。在"聆听心声"读者座谈交流会上,代表们分享了读书心得和各自的获奖作品,并对图书馆的服务和发展建设建言献策。

颁奖仪式上,主持人宣读了各项评选活动的获奖名单。出席闭幕式的嘉宾和领导为获奖同学颁发了奖状及精美奖品,鼓励大家继续努力,取得更优异的成绩。

杨浩为闭幕式致辞。他表示,开展世界读书日系列活动是促进学生综合素质提高、传承中华优秀传统文化的重要方式之一,希望通过开展持续性的系列活动推广阅读,传承中华文化,提高学生人文素质修养。最后,杨浩对世界读书日系列活动的成功举办表示祝贺,呼吁师生们立身以立学为先,立学以读书为本,希望同学们放慢生活的脚步,在阅读中汲取养分,读万卷书,行万里路。

2019 年世界读书日系列活动已圆满落幕。图书馆将继续举办更多精彩的阅读推广活动,希望全校师生读者能更多地投入读书活动中,营造多读书、读好书的文化风尚,共同打造健康向上、乐学好学的冶专校园文化氛围!

图 8-23　嘉宾及工作人员合影

图 8-24　杨永峰作讲座

图 8-25　杨浩处长致闭幕词

图 8-26　杨云总结读书日活动开展情况

图 8-27　嘉宾为获奖同学颁奖

三、创新活动实践

(一)"留影时光"摄影大赛

1. 活动发布

美就在身边。丰盈的生活，如画的风景，绚烂的青春，用细腻的镜头、独特的视角可以定格这些瞬间的感动与美好。为丰富校园文化生活，活跃校园气氛，提高艺术修养和摄影水平，展现精彩艺术，图书馆在"4·23 世界读书日"活动期间，特举办摄影大赛，征集以生活之美、学习之美、风景之美为主题的摄影作品。

（1）**参与对象**：全校师生读者。

（2）**主办单位**：校团委、图书馆。

（3）**报名方式**：学生请通过"到梦空间" App 参与报名。报名时间：2019 年 4 月 19—22 日，教师无须报名。

（4）**作品提交日期**：自报名起截至 2019 年 4 月 29 日。

（5）**作品要求和提交方式**：

①参赛者围绕生活之美、学习之美、风景之美等主题，拍摄校园风景、人物皆可。个人作品数量 5 张以内。可以是单张照或者组照（组照需标明顺序号）。作品格式为 JPEG 的电子照片。

②参赛作品不能经电脑等途径加工（照片仅可做亮度、对比度、色彩饱和度等适度调整，不得做合成、添加、大幅度改变等技术处理），黑白照片、彩色照片皆可参赛。作品内容要求积极健康，切合主题，体现特色，且为原创作品。

③参赛作品电子文件发送至邮箱 kmyzlib@ yeah. nct。学生作品文件包标题格式为：学院+班级+姓名+联系电话，教师作品为：姓名+部门+联系电

话；照片标题格式为：作品名称+作者+拍摄地点+拍摄时间。

④入选作品将制成明信片，于活动结束后颁发给获奖者。

（6）作品评奖：本次比赛设置"最佳视觉效果奖"2名、"最佳创意奖"3名、"最佳人气奖"6名等奖项，颁发相应的证书和奖品。

2. 获奖作品

一等奖

（1）**作者：** 建工学院　工程造价 1737 班　冯敏波

图 8-28　摄影大赛一等奖作品一

（2）**作者：** 计算机信息学院　网络 1725 班　王乐煌

图 8-29　摄影大赛一等奖作品二

（二）"毕业寄语——写给毕业时的自己"活动

1. 活动发布

毕业季，是未知，是期许。与更好的自己相遇驱使我们不断前进。"毕业寄语——写给毕业时的自己"征文活动，邀请各位读者让心穿越时空，给毕业时的自己写一句话，问问当初的迷茫是否已经消散，现在的梦想是否还在坚持，是否已经活成了向往的模样。

（1）**参与对象**：全校师生读者

（2）**主办单位**：图书馆

（3）**报名方式**：通过"到梦空间"App 参与报名。报名时间：2019 年 4 月 19—20 日。

（4）**投稿截止日期**：自报名日期起至 2019 年 4 月 29 日。

（5）**活动要求**：

①作品要求：寄语字数在 50 字以内，注明姓名、（学院）部门、班级，内容必须积极向上、健康活泼。

②参选方式：请参赛者把作品以 Word 格式发送至图书馆邮箱 kmyzlib@yeah. net，文件以"姓名+（学院）部门+班级+联系电话"的方式命名。

（6）入选作品将制成明信片，于活动结束后颁发给获奖者。

2. 获奖寄语

（1）**作者**：建工学院 造价 1838 班 陈玉平

未来是一种选择，当你迈出这一步，风马少年也该驰骋人生，奋力一搏。愿那时，沧海在，蓝天生，少年依旧，梦依存。

（2）**作者**：外语学院 英专 1841 班 张金茂

学海无涯，博学善思。天道酬勤，有恒乃成。放飞梦想，追逐未来。挥洒汗水，绽放青春。求知而来，满腹而归。

四、活动总结

本届读书日系列活动为期 29 天，共举办 10 项活动："名家讲堂"系列讲座活动、"博采群书"好书征集活动、"共品书香"图书捐赠活动、"留影时光"摄影大赛、"毕业寄语——写给毕业时的自己"活动、"探秘书海"寻书比赛、"书香之星"优秀读者评选、"服务之星"图书馆优秀勤工助学学生评选及座谈交流会、"倾听·分享"读者座谈交流会和颁奖仪式。

活动期间共举办了两场专家讲座，第一场由云南大学图书馆党总支书记樊泳雪作《图书馆助你放飞梦想》的讲座，她从"图书馆空间再造""资源建设""深层次服务"三个方面，向师生们介绍了图书馆的发展以及图书馆如何为读者的工作、学习、科研提供强有力的智力支撑，并倡导大家充分利用图书馆资源和服务，让图书馆为我们的梦想助力。今天我们又邀请了学校党委宣传部部长杨永锋作题为《正确面对网络信息——做优秀大学生》的专题讲座。

好书征集是图书馆近几年来着力打造的一项阅读推广活动，图书馆一方面通过"每周好书推荐"栏目向读者推荐好书；另一方面我们通过在读书日系列活动期间开展"博采群书"好书征集活动，邀请读者通过图书馆微信公众号向图书馆推荐好书，搭建图书馆与读者之间双向推荐的桥梁。本次读书日活动期间，共收到来自校领导、有关学院（部门）及学生的 70 余条图书荐购信息，涵盖了社会、人文、历史、科技等图书。例如，学校副书记代祖良、副校长赵文亮、图书馆馆长等师生都参与到活动中，分别荐购了《改革开放元勋画传丛书》《测绘地理信息法律法规与技术标准》《云南百位历史名人传记丛书》等图书。好书征集活动为"读者需求——图书采购"通道的搭建提供了友好的平台，为图书资源的有效采买提供了依据。

赠人玫瑰，手有余香。此次"共品书香"图书捐赠活动，共计收到捐赠图书 1556 册。拓宽了学校图书馆藏书渠道，实现了有效利用图书资源，营造书香校园的氛围，丰富校园文化的作用。

"留影时光"摄影大赛，旨在丰富校园文化生活，活跃校园气氛，提高学生艺术修养和摄影水平，共 136 人参赛，11 人获奖。"毕业寄语——写给毕业时的自己"活动，共有 181 位同学参与活动，其中 11 人获奖，这些寄语中，有对未来的期寄，也有对现在生活的鼓励，还有对师生、同学情谊的感怀，如有同学写道："希望经过三年的熏陶洗礼，历尽千帆，归来时能书写出无愧于青春的奋斗篇章！"也有同学说："一声汽笛，吹响了毕业的号角。青春行走在时间的河岸，渐行渐远。扬帆起航，一起度过了最美好的时光。"

为了让同学们更加了解安宁校区图书馆的图书布局和图书查找方法，提高同学们利用图书馆的能力，我们举办了"探秘书海"寻书比赛。来自全校 8 个学院的 140 余名同学参与活动，97 人找到了指定图书并凭书中奖券获得奖品。

"书香之星"优秀读者评选活动共评出 20 名优秀读者，2 名荣誉读者，其中年借书量最高为 66 册，年入馆次数最高者为 204 次。同时，我们还评选了图书馆勤工助学岗"服务之星"10 名，他们认真履行工作职责，在图书馆的日常服务工作中默默奉献，对图书馆的工作做出了积极贡献。

今天下午，我们在图书馆组织了"倾听·分享"读者座谈交流会，读者代表们就系列活动主题畅谈交流，优秀读者交流读书心得，"服务之星"畅谈服务理念，摄影比赛获奖者分享摄影作品，毕业寄语活动获奖者分享自己的毕业留言，与会代表们对图书馆服务和发展建设等提出了宝贵意见和建议。

现在，我们在这里举行 2019 年世界读书日系列活动闭幕及颁奖仪式，感谢所有参与的来宾。2019 年读书日系列活动虽暂告一段落，但学校读书活动还将继续。希望全校师生读者能更深入地投入读书活动中，营造多读书、读好书的文化风尚，一起共同打造健康向上、乐学好学的冶专校园氛围！

第九章 "阅读相伴，共抗疫情" 2020 年世界读书日系列活动

一、活动方案

阅读不仅给人们带来心灵的宁静，更传递出力量和希望。疫情期间，图书馆一手抓防疫、一手抓服务，坚持服务育人、文化育人，充分利用资源优势，满足师生读者在家教学和科研的需求。在 2020 年 4 月 23 日第 25 个"世界读书日"到来之际，学校图书馆、学生处（学生工作部）、校团委将在云端举办"阅读相伴，共抗疫情"昆明冶金高等专科学校 2020 年世界读书日系列活动，倡导广大师生在疫情中阅读，在阅读中成长。

活动主题：阅读相伴，共抗疫情

宣传口号：疫情中阅读　阅读中成长

　　　　　　引明德风尚　护精神家园

活动对象：全校师生读者

活动时间：2020 年 4 月 23 日（星期四）至 5 月 21 日（星期四）

欢迎关注图书馆微信公众号，了解活动详情，参与活动。

图书馆微信公众号二维码

活动内容：

（一）线上开幕式

1. 开幕式致辞

2. 历年世界读书日系列活动回放

3. 2020 年世界读书日系列活动介绍

（二）"专家在线"系列讲座活动

知识因传播而美丽，疫情不能阻断知识传播的步伐。为让读者增长知识，开阔视野，图书馆围绕"阅读相伴，共抗疫情"主题，精选优秀专家学者经典讲座视频，帮助读者疫期研学，不断提升自我。

1. 专家讲座

主办单位：图书馆

主题：新冠肺炎不可怕，让病毒不再肆虐

主讲：张文宏（博士生导师，上海市医疗救治专家组组长、复旦大学附属华山医院感染科主任）

时间：2020 年 4 月 23 日

观看地址：图书馆微信公众号、图书馆主页

2. 专家讲座

主办单位：图书馆

主题：事事关心，人人尽力

主讲：蒙曼（全国妇联兼职副主席、中央民族大学教授）

时间：2020 年 5 月 11 日

观看地址：图书馆微信公众号、图书馆主页

（三）"共沐书香"好书分享活动

读书足以怡情，足以博彩，足以长才。世界读书日系列活动之"共沐书香"好书分享活动，图书馆将搭建与读者共享好书的桥梁，共邀读者一起分享好书。让我们一起分享好书，让读书赶走阴霾，让读书照亮人生。

1. **参与对象**：全校师生。

2. **主办单位**：图书馆。

3. **活动时间**：2020 年 4 月 24 日至 5 月 8 日。

4. **分享方式**：

（1）**读者荐好书**：进入图书馆微信公众号，点击"图书荐购"按钮，进行图书推荐。

（2）**图书馆荐好书**：图书馆将通过微信公众号、主页发布好书目录。

（四）"书声琅琅"经典朗读活动

文字是心灵的写照，声音是情感的表达。朗读经典能让我们对话圣贤，传递情感，感受文字的力量。为了进一步活跃校园文化氛围，给读者提供一个展现自我的舞台，图书馆通过"书声琅琅"经典朗读活动，邀请师生读者朗读经典，陶冶情操，锻炼口才，增进文化交流，促进读者对古今中外文学经典的了解。

1. **参与对象**：全校师生读者

2. **主办单位**：图书馆、校团委

3. **报名时间及方式**：2020 年 4 月 27—28 日，"到梦空间" App 参与报名。

4. **活动时间**：自报名日期起至 2020 年 5 月 5 日。

5. **活动方式**：读者登录"博看朗读"微信小程序，参与"书声琅琅"经典诵读活动，上传朗读内容，并进行网络评选。

6. **作品评比**：参赛作品将在"博看朗读"小程序中进行网络投票，投票时间为 2020 年 5 月 6—7 日。

7. **奖项设置**：一等奖 2 名、二等奖 3 名、三等奖 5 名，颁发荣誉证书。

（五）战"疫"有感云分享活动

疫情阻隔了距离，却阻隔不了真情与温暖。图书馆举办以战"疫"有感为主题的云分享活动，把您在抗疫期间觉得最感动的瞬间、最动人的故事或最想对一线工作者们说的话，用文字、视频、照片或绘画的形式与广大读者共分享。让我们众志成城，共克时艰，讴歌奉献，待春暖花开时，拥抱相会。

1. **参与对象**：全校师生读者

2. **主办单位**：图书馆、校团委

3. **报名时间及方式**：2020 年 4 月 27—28 日，"到梦空间" App 参与报名。

4. **截稿日期**：自报名日期起至 2020 年 5 月 7 日。

5. **作品形式及要求**：

（1）文字作品，可为读书心得、身边的战疫故事或想对一线医务工作者说的话等，字数不超过 1000 字，内容翔实，语句通顺。

（2）视频作品，要求为 mp4 或 wmv 格式，分辨率为 1080P 或 720P，大小不超过 60M，时长 30~150 秒。

（3）照片、绘画作品，要求提交电子版作品，JPEG 格式，文件不小于

1M，作品未经电脑等途径加工，并配文字说明（100字以内）。手绘作品可拍照或扫描后按电子版作品提交，并保留好原件。

（4）**作品命名及提交**：学生作品文件名格式为"学院+班级+姓名+联系方式"；教师作品为"姓名+部门+联系方式"。参赛作品以电子文件形式发送至邮箱 kmyzlib@ yeah. net。

6. **作品用途及说明**：

所有作品须为个人原创作品，一经提交将视同作者已经授权图书馆使用投稿作品，可用于非营利性使用，包括但不限于展览、出版、媒体报道、网络推广等，不另付稿酬。优秀作品将分享至图书馆微信公众号，其他单位未经批准不得转载。

（六）"抗疫思学"信息检索比赛

掌握信息检索方法和技巧是当今大学生信息素质能力的重要体现。图书馆特举办"抗疫思学"信息检索比赛，鼓励读者通过网络发现资源、利用资源，提升信息素养能力，一展信息检索技能。

1. **参与对象**：全校学生读者。

2. **主办单位**：图书馆、校团委。

3. **报名时间及方式**：2020年5月11—12日，"到梦空间"App参与报名。

4. **活动规则**：

（1）**活动形式**：在活动规定的比赛时间内，参赛者使用PC端登录参赛平台 http：//xxsy. apabi. cn/study 进行答题。答题时间为30分钟，题目类型为单选题、多选题、判断题，比赛内容为信息意识、信息道德、信息知识与信息技能。

（2）**比赛时间**：2020年5月13日（星期三）

5. **奖项设置**：一等奖2名、二等奖3名、三等奖5名，颁发荣誉证书。

（七）"共话图书馆" 问卷调查活动

为进一步改善图书馆的服务质量、提升服务水平、增强读者与图书馆之间的交流。疫情期间，图书馆将以"共话图书馆"为主题，通过线上发布问卷调查的方式，搭建读者与图书馆之间的交流平台，为图书馆建设、服务建言献策，鼓励读者积极参与图书馆的建设，共同推进图书馆的发展。

1. **参与对象**：所有师生读者。

2. **主办单位**：图书馆。

3. **时间**：2020 年 5 月 8—12 日。

4. **形式**：线上问卷调查。

5. **方式**：关注图书馆微信公众号，参与问卷调查。

（八）"阅读之星" 优秀读者评选

为了激发读者的阅读热情，充分发挥图书馆文献资源的作用，加强校园文化建设，培养读者的阅读习惯，让越来越多的师生爱书、读书，让更多的读者走进图书馆、利用图书馆，图书馆将面向全校学生读者开展"阅读之星"优秀读者评选活动。

1. **评选对象**：全校学生读者。

2. **主办单位**：图书馆。

3. **评选条件**：

（1）**书刊借阅量大**：主要参考读者 2019—2020 年度借阅图书的统计情况。

（2）**诚信无违纪**：统计期间的借阅活动无违纪、违规及其他不良记录情况。

（3）**参与图书馆活动**：配合、支持图书馆工作，向图书馆提出合理化建议，能熟练利用图书馆文献信息资源，积极参加图书馆组织的各项读者活动。

4. **评选时间**：2020 年 5 月 14 日。

5. **奖项设置**："阅读之星"优秀读者 20 名，颁发荣誉证书及奖品。

（九）"服务标兵"图书馆优秀勤工助学学生评选

为更好地发挥勤工助学在学生发展和成才中的重要作用，进一步激发广大勤工助学学生参与勤工助学岗工作的积极性，图书馆在参与图书馆管理与服务的勤工助学岗学生中评选"服务标兵"，并给予表彰奖励，更好地提高服务质量，培养学生自立自强意识。

1. **评选对象**：图书馆勤工助学岗全体学生。

2. **主办单位**：图书馆、学生处。

3. **评选条件**：工作责任心强，踏实肯干，能保质保量完成任务；接待读者礼貌热情，行为举止文明得体；全心全意为读者服务，提供读者之所需；能为图书馆的各项工作提出合理化建议。

4. **评选时间**：2020 年 5 月 14 日。

5. **奖项设置**：评选"服务标兵"10 名，颁发荣誉证书和奖品。

（十）总结表彰和闭幕

图书馆将对"2020 年世界读书日系列活动"进行总结表彰、优秀作品展示，活动闭幕。

时间：5 月 21 日（星期四）

1. "书声琅琅"经典朗读获奖读者名单

2. "抗疫思学"信息检索比赛获奖名单

3. "阅读之星"优秀读者名单

4. "服务标兵"图书馆优秀勤工助学学生名单

5. 战"疫"有感云分享活动优秀作品展示

6. 闭幕

二、传统活动实践

(一) 线上开幕式

1. 开幕式致辞

(1) **致辞人：** 昆明冶金高等专科学校副校长

昆明冶金高等专科学校党委委员　赵文亮

(2) **开幕词**

亲爱的老师、同学们：

大家好！

庚子鼠年，一场疫情阻断了我们相聚的脚步，却没有阻断我们战胜疫情的必胜之心。"沧海横流，方显英雄本色"，危难时刻一个个挺身而出的身影用实际行动践行着深厚的爱国情怀，让我们见证了什么是中国力量、中国精神。国家积极的抗疫举措，让我们深刻感受到大国的担当与责任。战疫期间，一个个"90后""00后"的逆行者，让我们看到了时代赋予青年的责任和担当，也让我们看到了希望。

疫情牵动着每个人的心，学校心系广大师生，把师生生命安全和身体健康放在第一位，把疫情防控作为当前首要工作，积极开展防疫工作，响应"停课不停教，停课不停学"的倡议，切实保障好广大师生居家教学、学习的需求。抗疫期间，我们看到了奋战在一线的教职工、投身抗疫志愿活动的师生、一线实习和"蹭网"学习的莘莘学子……他们在诠释着冶专师生的精神和使命。

"风声雨声读书声声声入耳，家事国事天下事事事关心。"青年是标志时代的最灵敏的"晴雨表"，时代的责任赋予青年，时代的光荣属于青年。读书可以让人保持思想活力，让人得到智慧启发，让人滋养浩然之气。作为新时代的冶专青年，时刻不能忘记初心和使命——家国天下。在这个特殊的时期，我们迎来了第25个世界读书日，也迎来了我校第八届世界读书日系列活动开幕日。疫情之下，没有孤岛，云端架起桥梁，让书香洋溢校园，让阅读点亮人生，让知识成为战疫的力量。让我们只争朝夕，不负韶华！

2. 图书馆领导讲话

（1）**讲话人**：昆明冶金高等专科学校图书馆馆长　杨云

（2）**讲话稿**

亲爱的读者：

大家好！

时光匆匆，2020年已进入最美人间四月天，也将在4月23日迎来第25个"世界读书日"，也是我校第8届世界读书日系列活动开幕日。学校图书馆里却少了熟悉的你们，很是想念！

自新冠肺炎疫情发生以来，无数逆行者奋战在一线，中国的抗疫行动取得了一定成果。当疫情在全球蔓延，中国又迅速派出专家医疗队伍支援其他国家。相信所有目睹疫情在中国从暴发到逐渐平静的过程，见证医学和科技在这场疫情中发挥了巨大作用的国人，都会意识到，是知识的力量，成就了世界瞩目的中国力量！只有凝聚起知识的力量，才能汇集起中华民族伟大复兴的动力。今年，我校读书日系列活动的主题是"阅读相伴，共抗疫情"，希望远在家乡的你们能在疫情中阅读，在阅读中成长。

世界读书日的设立，目的是推动更多的人去阅读和写作。读书不仅关系到一个人的成长和成才，也关系到一个国家、一个民族的进步与发展。"书香冶专"读书日系列活动起源于2001年的"读书文化月"，2013年图书馆重新设计推出"书香冶专"读书日系列活动，每年4—5月定期举办。结合疫情形势，今年的活动将以云端形式开展，希望大家积极参与。

陆机《文赋》中"观古今于须臾，抚四海于一瞬"以及刘勰《文心雕龙》中"思接千载，视通万里"可谓图书馆之所能。愿我们的书香活动能在这个病毒肆虐的日子里，驱散阴霾。

3. 活动方案介绍

2020 年世界读书日系列活动方案简介

图 9-1　活动开幕式

图 9-2　活动主题

图9-3　活动详情

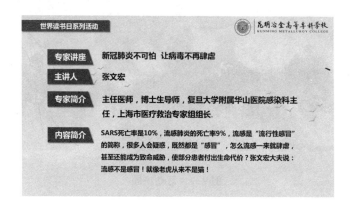

图9-4　活动内容和时间

图9-5　专家讲座介绍

4. 报道

我校2020年世界读书日系列活动在云端拉开帷幕

在第25个世界读书日到来之际，学校图书馆、学生处（学生工作部）、校团委在云端举办"阅读相伴，共抗疫情"昆明冶金高等专科学校2020年世界读书日系列活动，共邀全校师生读者参与，一起在阅读中成长，用书香传递能量。

本次活动为期1个月，4月23日的线上开幕式拉开了今年活动的序幕。学校副校长赵文亮为开幕致辞，希望同学们从此次战"疫"中，看到时代赋予青年的责任与担当，希望冶专青年保持思想活力，多读书以滋养浩然之气，怀揣理想与抱负。云开幕中，图书馆以微视频展示了历年活动精彩回顾，并为读者介绍了今年世界读书日的10项线上活动内容。

序号	内容	活动时间
1	线上开幕式	4月23日
2	"专家在线"系列讲座活动	"新冠肺炎不可怕，让病毒不再肆虐" 4月23日
		"事事关心，人人尽力" 5月11日
3	"共沐书香"好书分享活动	4月24至5月8日
4	"书声琅琅"经典朗读活动	4月27至5月7日
5	战"疫"有感云分享活动	4月27至5月7日
6	"抗疫思学"信息检索比赛	5月11—5月13日
7	"共话图书馆"问卷调查活动	5月8—5月12日
8	"阅读之星"优秀读者评选	5月14日
9	"服务标兵"图书馆优秀勤工助学学生评选	5月14日
10	总结表彰和闭幕	5月21日

图9-6 活动具体内容

活动得到了广大读者的积极参与，在已举办的"专家在线"讲座活动中，图书馆充分利用馆藏资源，精选了复旦大学附属华山医院感染科主任张文宏教授所作的《新冠肺炎不可怕，让病毒不再肆虐》讲座，为读者科普了新冠肺炎的真相以及面对病毒人们应如何科学防护等知识。"共沐书香"好书分享活动，搭建与读者共享好书的桥梁。活动期间，图书馆向读者分享了涵盖历史文化、文学小说、教育、政治、哲学等各类好书 200 余种，同时也陆续收到了读者荐书信息。正在进行的"书声琅琅"经典朗读、战"疫"有感云分享活动，共有 500 名同学报名参与，同学们将以朗读、文字、图片、绘画等形式共同分享抗疫期间的感动瞬间、动人故事，传递抗疫必胜信心。

阅读不仅带给人们心灵的宁静，更传递出力量和希望。纵使疫情阻隔了我们的距离，但却无法阻挡我们读书和思考的步伐。图书馆将继续开展"抗疫思学"网络信息检索比赛、"共话图书馆"问卷调查等活动，以期更多读者通过诗书墨卷，汲取力量、收获感动。

图 9-7　活动云开幕

图 9-8　好书分享、战 "疫" 有感云分享活动

（二）"专家在线"系列讲座活动

1. 讲座一：新冠肺炎不可怕，让病毒不再肆虐

知识因传播而美丽，疫情不能阻断知识传播的步伐。为让读者增长知识，开阔视野，图书馆围绕"阅读相伴，共抗疫情"主题，精选优秀专家学者经典讲座视频，帮助读者疫期研学，不断提升自我。

主题：新冠肺炎不可怕，让病毒不再肆虐

主讲：张文宏（博士生导师，上海市医疗救治专家组组长、复旦大学附属华山医院感染科主任）

内容简介：SARS 死亡率是 10%，流感肺炎的死亡率 9%，流感是"流行性感冒"的简称，很多人会疑惑，既然都是"感冒"，怎么流感一来就肆虐，甚至还能成为致命威胁，使部分患者付出生命代价？张文宏大夫说：流感不是感冒！就像老虎从来不是猫！

时间：2020 年 4 月 23 日

主办：图书馆

观看地址：图书馆微信公众号、图书馆主页

2. 讲座二：事事关心，人人尽心

知识因传播而美丽，疫情不能阻断知识传播的步伐。为让读者增长知识，开阔视野，图书馆围绕"阅读相伴，共抗疫情"主题，精选优秀专家学者经典讲座视频，帮助读者疫期研学，不断提升自我。

主题：事事关心，人人尽心

主讲：蒙曼（全国妇联兼职副主席、中央民族大学教授）

内容简介：天下兴亡，匹夫有责。每个人的前途命运都与国家和民族的前途命运紧密相连。在抗击新冠肺炎疫情的特殊时期，许许多多的中国人用实际行动践行深厚的爱国情怀。作为大学生，更不能忘记学习的初心和目的——家国天下。"事事关心，人人尽力"，希望每一位青年学子都要忧国、

知国，更要报国。

时间：2020 年 5 月 11 日

主办：图书馆

观看地址：图书馆微信公众号、图书馆主页

（三）"共沐书香" 好书分享活动

1. 活动发布

读书足以怡情，足以博彩，足以长才。世界读书日系列活动之"共沐书香"好书分享活动，图书馆将搭建与读者共享好书的桥梁，共邀读者一起分享好书。让我们在这个病毒肆虐的日子，一起分享好书，让读书赶走阴霾，让读书照亮人生。

（1）**参与对象**：全校师生。

（2）**主办单位**：图书馆。

（3）**活动时间**：2020 年 4 月 24 日至 5 月 8 日。

（4）**分享方式**：

①读者荐好书：进入图书馆微信公众号，点击"图书荐购"按钮，进行图书推荐。

②图书馆荐好书：图书馆将通过微信公众号、主页发布好书目录。

2. 活动情况

2020 年 4 月 24 日至 5 月 8 日举行了 2020 年世界读书日系列活动之"共沐书香"好书分享活动。

此次好书分享活动与往年不同，一方面，读者推荐：邀请读者在图书馆微信公众号"微信服务大厅"的"图书荐购"平台上为图书馆推荐好书。另一方面，图书馆推荐：图书馆将 2015 年以来通过图书馆微信公众号和主页发布的"每周好书推荐"的书目清单再次推荐给读者。这个活动通过图书馆和读者的双向交流，共同分享好书，让人家一起阅读好书，让读书赶走疫情带

来的阴霾，让读书照亮人生。

活动共收到来自校领导、教师及学生读者的 100 余条图书荐购信息。学校副校长赵文亮、图书馆馆长，还有各学院教师、学生等热心读者参与了此次活动，荐购了《卫星遥感监测技术方法与应用》《邓小平时代》《我心归处是敦煌》等 100 余册图书。此次师生荐购的图书类别涵盖了哲学、社会科学、自然科学等各类图书，搭建起"读者需求—文献资源采购"的通道，为图书资源的有效采买提供依据。

在活动开展期间，教辅第二党支部在图书馆和内部质量保证处的党员中开展了以"致力阅读推广营造书香校园"为主题的支部党建品牌创建活动，以线上交流的形式开展"阅读战疫，共享好书"好书分享主题党日活动。活动中，各位党员通过支部微信群积极荐书，共计荐购了 31 种图书。

好书分享活动一直是图书馆长期开展的特色服务项目。学校的双高建设即将启动"智慧图书馆"的建设，"图书荐购"功能将会更加完善，图书荐购将会成为图书资源采访工作中的重要环节，通过荐购，广泛征集读者的阅读需求，推动图书馆不断提高图书采访质量，进一步优化馆藏结构，合理配置图书资源。

（四）战"疫"有感云分享活动

1. 活动发布

图书馆举办以战"疫"有感为主题的云分享活动，把您在抗疫期间觉得最感动的瞬间、最动人的故事或最想对一线工作者们说的话，用文字、视频、照片或绘画的形式与广大读者共分享。让我们众志成城，共克时艰，讴歌奉献，待春暖花开时，拥抱相会。

（1）**参与对象**：全校师生读者

（2）**主办单位**：图书馆、校团委

（3）**报名时间及方式**：2020 年 4 月 27—28 日，"到梦空间"App 参与报名。

（4）**截稿日期**：自报名日期起至 2020 年 5 月 7 日。

（5）**作品形式及要求**：

①文字作品，可为读书心得、身边的战疫故事或想对一线医务工作者说的话等，字数不超过 1000 字，内容翔实，语句通顺。

②视频作品，要求为 mp4 或 wmv 格式，分辨率为 1080P 或 720P，大小不超过 60M，时长 30~150 秒。

③照片、绘画作品，要求提交电子版作品，JPEG 格式，文件不小于 1M，作品未经电脑等途径加工，并配文字说明（100 字以内）。手绘作品可拍照或扫描后按电子版作品提交，并保留好原件。

④作品命名及提交：学生作品文件名格式为"学院+班级+姓名+联系方式"，教师作品为"姓名+部门+联系方式"。参赛作品以电子文件形式发送至邮箱 kmyzlib@ yeah. net。

（6）**作品用途及说明**：

所有作品须为个人原创作品，一经提交将视同作者已经授权图书馆使用投稿作品，可用于非营利性使用，包括但不限于展览、出版、媒体报道、网络推广等，不另付稿酬。优秀作品将分享至图书馆微信公众号，其他单位未经批准不得转载。

2. 优秀作品

文字作品：

作者：商学院　资产 1923 班　邹梦黎

致敬"逆行者"

子鼠年春，本是共赏花香的季节，一场突如其来的疫情却令这个春天蒙上了一层灰纱，人人自危，居家不出，避人不谈，让这个本应一家人团聚、欢喜过年的春节被沾染上了些许暗色。在此情形之下，一批批医务人员主动请战，牺牲自己的春节假日休息时间，奔赴"前线"，筑起了白色的围墙。

围墙后，是居民百姓，围墙前，是未知险恶，而在围墙中间，是一群身着白色的"逆行者"……

"哪有什么白衣天使，只不过是一群孩子穿上了白大褂，学着前辈的样子奋斗在前线。"

疫情当前，一批批医务人员主动请求出征前线，这其中，大多是"90后"，而有的才刚满19岁。他们本应在这个春节里陪家人一起欢闹，却自愿出征，有的则是瞒着家中的亲人，直到在镜头下，才被家人认出。面对亲人隔着屏幕的问候，他们不敢哭泣，怕亲人担心，也不能哭泣，因为护目镜上会凝结水珠，泛起雾气，影响接下来的工作。

那一双双被汗水浸湿的手掌，苍白发皱的表皮，揭示了数十小时的艰辛工作；摘下护目镜和口罩后的脸上，那印痕久久不退；习惯性地撩起头发，却忘记早已将长发剪短；七小时不吃不喝不上厕所，甚至换上了尿不湿，只为了不脱下防护服，不断挑战自身的生理极限；同事被感染病危，却只能忍下悲痛，"同事倒下了，病人还要继续救"，他们互相搀扶着继续战斗……

因为疫情，丈夫带着女儿来看望却只能站在医院隔离病区外等待，女儿戴着口罩，远远地望着她不能抱住的妈妈，只能哭着说："妈妈，我想你了，我真的好想你！"而得到的回应是："妈妈在打怪兽，等把病毒战胜了，妈妈就回去了。"因为疫情，她将原本定下的婚礼推迟了，毅然奔赴前线，面对自己亲密的爱人，只能舍弃小我，在爱人的注目下缓慢去往远方。因为疫情，他们只能隔着玻璃两两相望，拿着手机，看着彼此，让对方注意身体，隔空的拥抱却更加温情。因为疫情，丈夫只能开车给妻子照明，在后随行，只能看着妻子在前方徒步的身影，成为"专车司机"。

如今，疫情逐渐退去，但那些在疫情中奔波的"逆行者"不应该随时间被淡忘，他们应该被历史铭记，是他们筑起围墙，守护着一方平安，让我们的生活安宁，是他们打破灰暗，照亮一方，让我们感受到阳光的温暖。

向您致敬，白衣天使们！

视频作品：

图 9-9 优秀作品

（五）"阅读之星" 优秀读者评选

1. 活动发布

为了激发读者的阅读热情，充分发挥图书馆文献资源的作用，加强校园文化建设，培养读者的阅读习惯，让越来越多的师生爱书、读书，让更多的读者走进图书馆、利用图书馆，图书馆将面向全校学生读者开展"阅读之星"优秀读者评选活动。

（1）**评选对象**：全校学生读者。

（2）**主办单位**：图书馆。

（3）**评选条件**：

①书刊借阅量大：主要参考读者 2019—2020 年度借阅图书的统计情况。

②诚信无违纪：统计期间的借阅活动无违纪、违规及其他不良记录情况。

③参与图书馆活动：配合、支持图书馆工作，向图书馆提出合理化建议，能熟练利用图书馆文献信息资源，积极参加图书馆组织的各项读者活动。

（4）**评选时间**：2020 年 5 月 14 日。

（5）**奖项设置**："阅读之星"优秀读者 20 名，颁发荣誉证书及奖品。

2. 评选结果

2020 年世界读书日系列活动期间，为鼓励读者保持阅读的热情，树立读书榜样，图书馆开展了 2019—2020 年度"阅读之星"优秀读者评选活动。

依据读者年图书借阅量、年进馆次数、上机时长等数据，图书馆评选出"阅读之星"20 名。

（六）"服务标兵"图书馆优秀勤工助学学生评选

1. 活动发布

为更好地发挥勤工助学在学生发展和成才中的重要作用，进一步激发广大勤工助学学生参与勤工助学岗工作的积极性，图书馆在参与图书馆管理与服务的勤工助学岗学生中评选"服务标兵"，并给予表彰奖励，更好地提高服务质量，培养学生自立自强意识。

（1）**评选对象**：图书馆勤工助学岗全体学生。

（2）**主办单位**：图书馆、学生处。

（3）**评选条件**：工作责任心强，踏实肯干，能保质保量完成任务；接待读者礼貌热情，行为举止文明得体；全心全意为读者服务，提供读者之所需；能为图书馆的各项工作提出合理化建议。

（4）**评选时间**：2020 年 5 月 14 日。

（5）**奖项设置**：评选"服务标兵"10 名，颁发荣誉证书和奖品。

2. 评选结果

通过对勤工助学岗学生的岗位履职情况、工作量、服务态度等方面的综合评定，评选出"服务标兵"10 名。

（七）云闭幕

1. 活动开展情况

昆明冶金高等专科学校 2020 年世界

图书日系列活动云闭幕

读书足以怡情，足以傅彩，足以长才。2020 年世界读书日系列活动举办之际正值新冠肺炎疫情期间，图书馆积极响应教育部"停课不停教、停课不停学"的号召，坚持服务育人、文化育人，充分利用馆藏资源优势，在"云端"为冶专学子举办了不同于历年的世界读书日系列活动，线上邀请远在家乡、居家学习的同学们一起在阅读中成长，在书香中传递抗疫力量。

4 月 23 日至 5 月 21 日，图书馆以"阅读相伴共抗疫情"为主题，通过"云"端连续开展了 10 项线上读书活动。活动丰富多样，有朗读、信息检索等比赛型活动，有讲座、绘画、征文、阅读、视频、好书推荐等分享型活动，有优秀读者、"服务标兵"勤工助学学生评选类活动，还有对读者的问卷调查活动。活动吸引了广大读者的关注，有近 4000 人次在云端报名参与。

"专家在线"讲座

活动以"阅读相伴，共抗疫情"为主题，精选张文宏《新冠肺炎不可怕，病毒不再肆虐》、蒙曼《事事关心，人人尽力》两个专家讲座视频，帮助读者疫期研学，不断提升自我。参与线上讲座的同伴们纷纷微信留言，表示会保持乐观心态、积极面对，共抗疫情，同时会加强锻炼、认真学习，不辜负学校寄予的厚望。

图 9-10   "专家在线"讲座一

图 9-11   "专家在线"讲座二

"共沐书香"好书分享活动

好书分享活动搭建了图书馆与读者共荐好书的桥梁。活动期间，图书馆向读者分享了涵盖历史文化、文学小说、教育、政治、哲学等各类好书 200余种，同时也收到读者推荐的 100余种好书。

图 9-12 "共沐书香"好书分享活动

"书声琅琅"经典朗读、战"疫"有感云分享活动

两项共有 500 名同学报名参与,收到 487 件作品。同学们以朗读、文字、图片、绘画等形式展现抗疫期间的感动瞬间、动人故事,传递抗疫必胜信心。"书声琅琅"经典朗读活动网络评选出 10 名人气奖,战"疫"有感云分享活动中的优秀作品将陆续在图书馆微信公众号、主页进行展播,与全校师生读者共同分享。

图 9-13 "书声琅琅"经典朗读、战"疫"有感云分享活动

图9-14 "抗疫思学"信息检索比赛

"抗疫思学"信息检索比赛

比赛共有406名同学报名参赛，活动通过线上答题的方式帮助同学们掌握信息检索方法和技巧，提升了同学们发现信息、挖掘知识、利用资源的能力，10名同学分获一、二、三等奖。

"共话图书馆"问卷调查

为进一步改善图书馆的服务质量、提升服务水平、增进读者与图书馆之间的交流，疫情期间，图书馆以"共话图书馆"为主题，通过线上发布问卷调查的方式，邀请读者为图书馆建设、服务建言献策，共同推进图书馆的发展。活动回收了来自9个学院的2190名学生的问卷。图书馆将深入分析问卷调查结果，不断优化馆藏文献资源，进一步提升服务水平、技能，更好地服务广大读者。

图 9-15　"共话图书馆"问卷调查

"阅读之星""服务标兵"评选

图书馆十分重视读者服务工作，在每年的读书日系列活动中都会举办"阅读之星"优秀读者评选、"服务标兵"图书馆优秀勤工助学学生评选活动。活动旨在培养学生"爱读书、多读书、读好书"的良好习惯，激励更多的学生走进图书馆、使用图书馆；激发广大勤工助学学生参与勤工助学岗工作的积极性。今年共评选出 20 名"阅读之星"和 10 名"服务标兵"。

图 9 16　"阅读之星""服务标兵"评选

2020 年世界读书日系列活动的开展，在"云"端为同学们搭建了一个展示自我、交流沟通的平台，进一步丰富了疫情期间居家学习的精神文化生活，帮助读者疫期研学，不断提升自我。读书可以让人保持思想活力，让人得到智慧启发，让人滋养浩然之气，让我们一起努力以书为伴，携手共抗疫情，让阅读在"云"端绽放。

2. 报道

昆明冶金高等专科学校 2020 年世界读书日
系列活动于云端圆满落幕

近日，为期 29 天的 2020 年世界读书日系列活动于云端圆满落下帷幕。

今年活动举办之际正值新冠肺炎疫情期间，在这个难忘又特殊的世界读书日里，学校以"阅读相伴，共抗疫情"为主题，举办了 10 项线上活动，包括阅读、讲座、竞赛、朗读、问卷等，形式多样、内容丰富，共有 5691 人次通过"云"端参与。

"云闭幕"上对此次活动进行总结表彰，公布了系列活动中 4 项活动的评选结果。"书声琅琅"经典朗读活动，通过网络投票，对 295 件作品进行了评选，共评选出人气奖 10 名，其中一等奖 2 名、二等奖 3 名、三等奖 5 名；"抗疫思学"信息检索比赛，根据比赛成绩共有 10 人获奖，其中一等奖 2 名、二等奖 3 名、三等奖 5 名；"阅读之星"优秀读者评选活动，依据读者 2019—2020 年度图书借阅量、电子资源使用时长、进馆次数等数据综合评出 20 名"阅读之星"；"服务标兵"图书馆优秀勤工助学学生评选活动，通过对图书馆勤工助学岗学生的履职情况、工作量、服务态度等方面的综合评定，评选出 10 名"服务标兵"。"云闭幕"活动上对优秀作品进行了展示。

陌上花开，学子归来。相信同学们一路与书为伴，阅书、读己，必定绽放出多彩的青春。

图 9-17 活动获奖荣誉证书

三、特色活动实践

（一）"书声琅琅"经典朗读活动

1. 活动发布

文字是心灵的写照，声音是情感的表达。朗读经典能让我们对话圣贤，传递情感，感受文字的力量。为了进一步活跃校园文化氛围，给读者提供一个展现自我的舞台，图书馆通过"书声琅琅"经典朗读活动，邀请师生读者朗读经典，陶冶情操，锻炼口才，增进文化交流，促进读者对古今中外文学经典的了解。

（1）**参与对象**：全校师生读者。

（2）**主办单位**：图书馆、校团委。

（3）**报名时间及方式**：2020年4月27—28日，"到梦空间"App参与报名。

（4）**活动时间**：自报名日期起至5月5日。

（5）**活动方式**：读者进入"昆明冶专图书馆"微信公众号，选择"微服务大厅"，点击"博看朗读"，长按识别图片中二维码进入博看朗读小程序，参与"书声琅琅"经典诵读活动，上传朗读内容，并进行网络评选。

（6）**作品上传方式**：进入博看朗读小程序，点击首页顶部活动轮播图"我要参赛"进入活动页面，点击"报名"，点击"录制新的作品"，按照提示选择朗读素材后进行录音，录制完成后提交作品并按要求填写信息，"确认提交"完成作品上传。

（7）**作品评比**：参赛作品将在"博看朗读"小程序中进行网络投票，投票时间为2020年5月6—7日。

（8）**奖项设置**：一等奖2名，二等奖3名，三等奖5名，颁发荣誉证书。

（9）**作品用途及说明**：

参赛作品一经提交将视同作者已经授权图书馆使用投稿作品，可用于非营利性使用，包括但不限于展览、出版、媒体报道、网络推广等，不另付稿酬。优秀作品将分享至图书馆微信公众号，其他单位未经批准不得转载。

2. 获奖作品

（1）**作者**：环境与化工学院　环境工程 1945 班　吕丽婷

图 9-18　朗读活动获奖作品一

（2）**作者：商学院　商管 1923 班　邹淳鑫**

图 9-19　朗读活动获奖作品二

3. 活动情况

"书声琅琅"经典朗读活动参与情况

（1）报名情况

"书声琅琅"经典朗读活动通过"到梦空间"报名 300 人，参与活动总人数为 295 人，其中报名参与 270 人，未报名参与 25 人。2019 级参与率为 98.6%（2016 级 1 人、2017 级 1 人、2018 级 2 人、2019 级 291 人）。

（2）各学院参与情况

全校 13 个学院，共有 9 个学院参加。其中，参与率最高的为建筑工程学院，参与人数为 62 人，占总人数的 21%。

（3）投票情况

投票时间为 4 月 27 日至 5 月 7 日，共 11 天。总投票数为 29299 票，新增博看朗读小程序注册人员达 9093 人，最高票数为 3400 票，第二名 2894 票，第三名 2506 票。

（4）获奖情况

①参赛人数 295 人，获奖者 10 人，其中人气一等奖 2 人，人气二等奖 3 人，人气三等奖 5 人。

②获奖主要集中在外语学院、建筑工程学院、环境与化工学院、电气与机械学院及测绘学院 5 个学院。其中，外语学院获奖者 4 名，占获奖者的 40%；建筑工程学院和环境与化工学院获奖者各 2 名，占获奖者的 40%；电气与机械学院和测绘学院获奖者各 1 名，占获奖者的 20%。

4. 报道

愿山河无恙，人间皆安——朗读经典、云分享活动

读出内心的声音，分享最真实的感受。在刚结束的 2020 年世界读书日系列活动之"书声琅琅"经典朗读、战"疫"有感云分享活动中，远在家乡的同学们积极参与，通过声音、视频、文字、图片、绘画等多种形式，传递出自己的战"疫"心声。

"书声琅琅"经典朗读活动，为读者提供了锻炼口才、展现自我的平台。活动共收到朗读作品295个，读者们用心诵读经典，用不同的声音诠释对经典的领悟，表达出自己真挚的情感。朗读作品通过网络投票进行评选，共评出人气一等奖2名、二等奖3名、三等奖5名。

战"疫"有感云分享活动，以抗击疫情为主题，征集作品类型丰富，共收到文字、视频及图片作品192件。大家积极分享抗疫期间的感动瞬间、动人故事，传递抗疫必胜的信心。优秀作品将陆续在图书馆主页、微信公众号进行展播，与全校师生读者共同分享。

疫情虽然阻隔了人与人之间的距离，但没有阻断学习的步伐。图书馆通过云端举办一系列活动，让广大师生读者在疫情期间以书为伴，在疫情中阅读，在阅读中成长。

（二）"抗疫思学"信息检索比赛

2020年世界读书日系列活动之
"抗疫思学"信息检索比赛

掌握信息检索方法和技巧是当今大学生信息素质能力的重要体现。图书馆特举办"抗疫思学"信息检索比赛，鼓励读者通过网络发现资源、利用资源，提升信息素养能力，一展信息检索技能。

（1）**参与对象**：全校学生读者。

（2）**主办单位**：图书馆、校团委。

（3）**报名时间及方式**：2020年5月11日9：00—22：00，"到梦空间"App参与报名。

（4）**参赛规则**：

①**比赛时间**：2020年5月13日（星期三）9：00—22：00。

②**参赛方式**：在规定的比赛时间内，参赛者使用PC端登录参赛平台 ht-tp：//xxsy.apabi.cn/study，输入学号、密码（初始密码为123456）、院校（昆明冶金高等专科学校）进入比赛系统，首先完善个人信息（否则比赛开

始后无法参与答题），然后返回首页，点击"竞赛"，选择"开始答题"，答题完成后点击右侧"交卷"结束比赛。

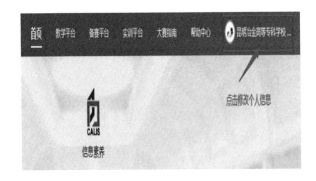

图 9-20　信息检索比赛平台

③答题限时 45 分钟，题目类型为单选题、多选题、判断题，共 40 题，总分 100 分。

④比赛内容为信息意识、信息道德、信息知识与信息技能。

⑤每位参赛者仅能答题一次。

（5）**奖项设置**：一等奖 2 名，二等奖 3 名，三等奖 5 名，颁发荣誉证书。

（三）"共话图书馆" 问卷调查活动

1. 发布活动

为进一步改善图书馆的服务质量、提升服务水平、增进读者与图书馆之间的交流。疫情期间，图书馆将以"共话图书馆"为主题，通过线上发布问卷调查的方式，搭建读者与图书馆之间的交流平台，为图书馆建设、服务建言献策，鼓励读者积极参与图书馆的建设，共同推进图书馆的发展。

（1）**参与对象**：所有师生读者

（2）**主办单位**：图书馆

（3）**时间**：2020 年 5 月 8—12 日

（4）**形式**：线上问卷调查

（5）**方式**：关注图书馆微信公众号，参与问卷调查。

2. 问卷调查内容

图书馆读者调查问卷

亲爱的读者：

您好！为了能及时了解您对图书馆的需求，提升图书馆资源建设质量和使用率，不断提高服务管理水平，更好地体现图书馆"以读者为中心、以服务为主导"的服务宗旨，我们设计了这份调查问卷，希望您能抽出宝贵时间给予支持配合！

一、基本信息

性别：A. 男　B. 女　所在学院：　专业：

所在年级：A. 五年制　B. 大一　C. 大二　D. 大三

是否关注图书馆微信公众号：A. 是　B. 否

二、阅读习惯

1. 您喜欢的阅读方式(　　　)。(可多选)

A. 纸本阅读 　　　　　　　　B. 手机阅读

C. 电子阅读器 　　　　　　　D. 电脑阅读

E. 音频 　　　　　　　　　　F. 视频

2. 您了解图书馆的途径为 (　　　)。(可多选)

A. 新生入馆教育 　　　　　　B. 图书馆微信公众号、主页

C. 图书馆阅读推广活动 　　　D. 同学或朋友介绍

E. 老师推荐 　　　　　　　　F. 其他

3. 您到图书馆的频率(　　　)。

A. 0~1 次/周 　　　　　　　　B. 1~2 次/周

C. 3~4 次/周 　　　　　　　　D. 5 次及以上/周

E. 只有考试等特殊时期

4. 您到图书馆的目的主要有哪些? (　　　) (可多选)

A. 自习 　　　　　　　　　　B. 查阅专业文献

C. 阅读课外书刊 　　　　　　D. 使用电子资源

E. 上课 　　　　　　　　　　F. 借还图书

G. 其他

5. 您参与或关注过图书馆推出的阅读推广活动有(　　　)。(可多选)

A. 每周好书推荐 　　　　　　B. 数字资源视点

C. 电子图书阅读 　　　　　　D. 世界读书日系列活动

6. 您每次去图书馆平均在馆时长(　　　)。

A. <1 小时 　　　　　　　　　B. 1~3 小时

C. 3~5 小时 　　　　　　　　D. >5 小时

7. 您到图书馆借阅图书的情况(　　　)。

A. 一直 　　　　　　　　　　B. 经常

C. 偶尔 　　　　　　　　　　D. 从不

8. 影响您阅读的因素有(　　　)。(可多选)

A. 不知如何选择所需读物

B. 其他时间或事情过多挤占了阅读时间

C. 缺乏阅读动力

D. 不喜欢阅读,认为阅读不重要

E. 其他

9. 影响您利用图书馆资源的主要因素有(　　　)。(可多选)

A. 没有利用图书馆资源的习惯

B. 不了解图书馆有哪些纸质图书和数字资源

C. 获取资源不方便

D. 不知道可以通过哪些途径查找利用图书馆资源

E. 有其他途径可以满足需求

三、资源建设

10. 图书馆各类资源中,您主要利用哪些类资源?(　　　)(可多选)

A. 纸质图书　　　　　　　　B. 纸质报刊

C. 电子图书　　　　　　　　D. 电子期刊

E. 学位论文　　　　　　　　F. 专题数据库

G. 视频资源　　　　　　　　H. 其他

11. 您知晓图书馆各类资源使用方法的程度是(　　　)。

A. 全部熟悉　　　　　　　　B. 大部分熟悉

C. 一般　　　　　　　　　　D. 知道一点

E. 完全不了解

12. 您对图书馆目前的馆藏资源的看法是(　　　)。

A. 资源丰富,完全能满足需求　　B. 资源丰富,能满足需求

C. 资源一般,但能满足需求　　　D. 资源一般,只能满足基本需求

E. 不能满足需求

13. 您在图书馆通常借阅哪些种类的图书？（　　　）（可多选）

A. 教学参考指导类图书　　　　B. 知识拓展类图书

C. 与个人兴趣有关的图书　　　D. 学术专著

E. 考试用书　　　　　　　　　F. 其他

14. 您在使用图书馆数字资源时遇到过哪些困难？（　　　）（可多选）

A. 检索技巧问题

B. 数据库系统问题

C. 不了解数字资源

D. 检索软件、检索语言、系统平台不统一，不能实现跨库检索

E. 图书馆数字资源局限于校园网访问

四、服务管理

15. 您对图书馆解决读者问题的满意程度（　　　）。

A. 非常满意，及时解决，方式多样化，线上线下结合

B. 比较满意，可以根据实际情况进行方式选择

C. 一般，解决途径还需多样化

D. 比较不满意，处理问题不够及时，请举例

16. 使用图书馆资源遇到问题时，您希望获得以下哪种方式的帮助？

（　　　）（可多选）

A. 寻求图书馆工作人员帮助

B. 查询图书微信、网页相关解决办法

C. 培训讲座

D. 咨询同学或朋友

E. 自行解决

F. 其他

17. 您希望通过哪种方式知晓图书馆阅读推广活动？（　　　）（可多选）

A. 校园网　　　　　　　　　　B. 图书馆网站

C. 图书馆微信公众号　　　　　D. 宣传海报

E. 第二课堂　　　　　　　F. 其他

18. 您认为下列哪些建议可以提高图书馆的利用率？（　　　）（可多选）

A. 图书馆微信公众号定期更新推送各类馆藏资源、介绍使用方法以及各种活动信息

B. 馆藏资源查阅方式、途径更加灵活多样，适合不同读者群体的需要

C. 馆藏资源丰富、多样化

D. 定期、经常性举办各种讲座、活动

19. 您希望图书馆提供哪些方面的培训服务？（　　　）

A. 信息检索　　　　　　　B. 专题数据库使用方法

C. 馆藏资源查询　　　　　D. 其他

20. 您对图书馆的服务管理还有哪些方面的建议？

再次感谢您的合作！

3. 报道

抗疫思学，广纳贤言
——图书馆开展信息检索比赛、读者问卷调查活动

提升信息素养能力，倾听读者心声。在 2020 年世界读书日系列活动中，图书馆举办了"抗疫思学"信息检索比赛和"共话图书馆"问卷调查活动。通过参加云端比赛和问卷调查，同学们展现了自身信息检索技能，积极为图书馆建设、服务建言献策。

"抗疫思学"信息检索比赛共有 406 名学生参赛，大一年级学生报名踊跃，占参赛总人数的 97%。活动通过线上答题的方式帮助同学们掌握信息检索方法和技巧，鼓励同学们发现信息、挖掘知识、拓展能力。经过激烈比拼，共评出一等奖 2 名，二等奖 3 名，三等奖 5 名。

了解读者需求、搭建交流平台，是图书馆改善服务质量、提升服务水平的有效途径。疫情期间，图书馆开展"共话图书馆"问卷调查活动。以线上发布问卷的方式，取代历年的读者座谈会，搭建读者与图书馆之间的交流平台。来自 9 个学院的 2190 名学生参与了问卷调查。问卷包含阅读习惯、资源建设、服务管理三大方面的 21 个问题。图书馆在广泛调研分析的基础上，将进一步调整服务策略，引导读者更好地使用图书馆。

疫情未解，读书有时。让我们以书香传递战"疫"的力量，以知识驱散疫情的阴霾。

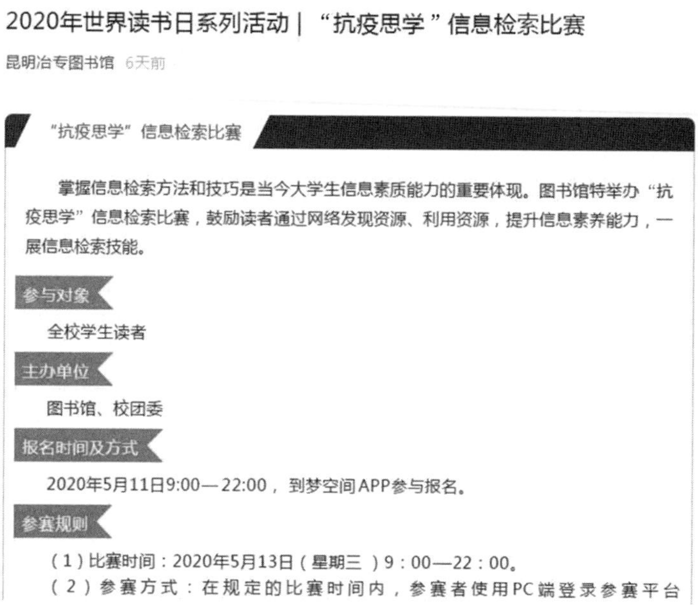

2020年世界读书日系列活动 | "抗疫思学"信息检索比赛

昆明冶专图书馆 6天前

"抗疫思学"信息检索比赛

掌握信息检索方法和技巧是当今大学生信息素质能力的重要体现。图书馆特举办"抗疫思学"信息检索比赛，鼓励读者通过网络发现资源、利用资源，提升信息素养能力，一展信息检索技能。

参与对象

全校学生读者

主办单位

图书馆、校团委

报名时间及方式

2020年5月11日9:00—22:00，到梦空间APP参与报名。

参赛规则

（1）比赛时间：2020年5月13日（星期三）9：00—22：00。
（2）参赛方式：在规定的比赛时间内，参赛者使用PC端登录参赛平台

图9-21 信息检索比赛活动信息发布

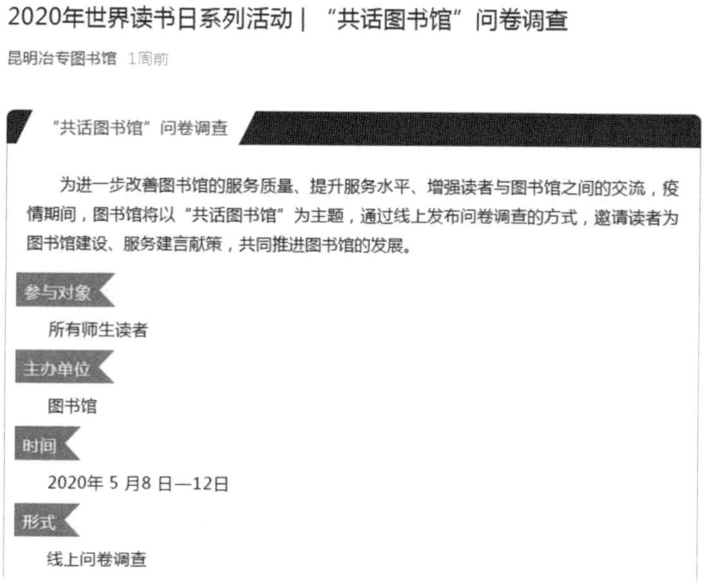

2020年世界读书日系列活动 | "共话图书馆"问卷调查

昆明冶专图书馆 1周前

"共话图书馆"问卷调查

为进一步改善图书馆的服务质量、提升服务水平、增强读者与图书馆之间的交流，疫情期间，图书馆将以"共话图书馆"为主题，通过线上发布问卷调查的方式，邀请读者为图书馆建设、服务建言献策，共同推进图书馆的发展。

参与对象

所有师生读者

主办单位

图书馆

时间

2020年5月8日—12日

形式

线上问卷调查

图9-22 问卷调查活动信息发布

四、活动总结

"阅读相伴，共抗疫情"
2020 年世界读书日系列活动总结

读书足以怡情，足以博彩，足以长才。2020 年世界读书日到来之际，正值抗击新冠疫情时期，图书馆在做好防疫工作的同时，坚持服务育人、文化育人，充分利用馆藏资源优势的"云端"为冶专学子举办了不同于历届的世界读书日系列活动，线上邀请远在家乡、居家学习的同学们一起在阅读中成长，在书香中传递抗疫力量。具体如下：

（一）活动开展情况

2020 年世界读书日系列活动以"阅读相伴，共抗疫情"为主题，历时 1 个月，涉及 10 个活动项目（详见"2020 年世界读书日系列活动时间表"）。此次读书日系列活动主要依托图书馆微信公众号、图书馆网页，开展"云"端线上活动，活动得到了校团委第二课堂"到梦空间"的积极支持。新颖的活动方式、丰富的活动内容，受到了同学们的欢迎，共 5691 人次参与活动，其中"共话图书馆"问卷调查活动达 2190 人，活动总参与人次、单项活动参与人数均为历年新高。

2020 年世界读书日系列活动时间表

活动主题	宣传口号	活动时间
阅读相伴，共抗疫情	疫情中阅读　阅读中成长 引明德风尚　护精神家园	2020 年 4 月 23 日至 5 月 21 日
活动详情		
序号	内容	具体时间
1	线上开幕式	4 月 23 日

续表

2	"专家在线"系列讲座活动	"新冠肺炎不可怕,让病毒不再肆虐"	4月23日
		"事事关心,人人尽力"	5月11日
3	"共沐书香"好书分享活动		4月24日至5月8日
4	"书声琅琅"经典朗读活动		4月27日至5月7日
5	战"疫"有感云分享活动		4月27日至5月7日
6	"抗疫思学"信息检索比赛		5月11日至13日
7	"共话图书馆"问卷调查活动		5月8日至12日
8	"阅读之星"优秀读者评选		5月14日
9	"服务标兵"图书馆优秀勤工助学学生评选		5月14日
10	总结表彰和闭幕		5月21日

1. 线上开幕式

线上开幕式中,图书馆在"云端"邀请学校党委委员、副校长赵文亮及图书馆馆长杨云为今年的读书日系列活动开幕致辞,以线上微视频的方式,展示了历年活动的精彩回顾,向读者介绍了2020年世界读书日的10项线上活动内容。此次线上开幕式还得到了学校党委宣传部的大力推广,开幕活动通过学校微信公众号向广大读者进行了宣传,线上开幕访问量为1000多人次,起到了积极宣传和推广的作用。

2. "专家在线"系列讲座活动

活动积极响应"停课不停学"号召,充分利用图书馆资源优势,围绕"阅读相伴,共抗疫情"主题举办两场线上专家讲座。第一场为复旦大学附属华山医院感染科主任张文宏教授所作的《新冠肺炎不可怕,让病毒不再肆虐》,讲座为读者科普了新冠肺炎的真相以及面对病毒人们应如何科学防护等知识;第二场为全国妇联兼职副主席、中央民族大学教授蒙曼所作的《事事关心,人人尽力》,讲座引经据典,以"家国天下"开篇,用"爱国报国"作结,希望每一年青年学子都要忧国、知国,更要报国,鼓励青年学子专业报国、健康报国、尽忠报国,做到"事事关心、人人尽力"。参与线上讲座的同学们纷纷微信留言，表示会保持乐观心态、积极面对，共抗疫情，同时会加强锻炼、认真学习，不辜负学校寄予的厚望。

3. "共沐书香" 好书分享活动

活动在往年单一邀请读者荐书的基础上，增加了图书馆向读者荐好书内容。在云端开启了图书馆与读者双向推荐的通道。2020 年图书馆通过整合近 5 年 "每周好书推荐" 栏目书目，精选出 181 种馆藏优秀图书推荐给读者。推荐书目涉及历史文化、文学传记、政治教育、经济管理、社会哲学、心理学、自然科学、阅读方法、工作方法等。读者荐书方面，截至活动结束，共收到来自校领导、教师及学生读者的 100 余条图书荐购信息，比 2019 年多了 30 余条。学校副校长赵文亮、图书馆馆长及各学院教师、学生等热心读者参与了此次活动，荐购了《卫星遥感监测技术方法与应用》《邓小平时代》《苦难辉煌》《我心归处是敦煌》等 100 余册图书。此外，在活动开展期间，教辅第二党支部借助活动开展了以 "致力阅读推广 营造书香校园" 为主题的支部党建品牌创建活动，以线上交流的形式开展 "阅读战疫，共享好书" 好书分享主题党日活动。此次活动不同程度地搭建了 "读者需求—文献资源采购" 通道，为图书资源的有效采买提供了依据。

4. "书声琅琅" 经典朗读活动

为给读者提供锻炼口才、一个展现自我的舞台，图书馆举办了 "书声琅琅" 经典朗读活动。活动共有 300 名同学通过 "到梦空间" 报名，通过博看朗读小程序共录音 795 个，最终提交评选作品 295 个，参与率达到 98%，评选作品总计录音时长约 632 分钟，总投票数 29299 票。读者们用心诵读经典，用不同的声音诠释对经典的领悟，表达出自己真挚的情感。最终通过网络投票评选出人气奖 10 名，其中一等奖 2 名、二等奖 3 名、三等奖 5 名。

5. 战 "疫" 有感云分享活动

此项活动以抗击疫情为主题，线上征集作品类型丰富，共收到文字、视频及图片作品 192 件。大家积极分享抗疫期间的感动瞬间、动人故事，传递抗疫必胜的信心。优秀作品将陆续在图书馆微信公众号、主页进行展播，与全校师生读者共同分享。

6."抗疫思学"信息检索比赛

为鼓励读者通过网络发现资源、利用资源，不断提升信息素养能力，图书馆举办了"抗疫思学"信息检索比赛。比赛共有来自9个学院的406名学生报名参赛，大一年级学生报名踊跃，占参赛总人数的97%。活动通过线上答题的方式帮助同学们掌握信息检索方法和技巧，鼓励同学们发现信息、挖掘知识、拓展能力，也从侧面检验了学生信息检索技能水平及信息获取能力，同时也为组织参加第二届全国高职院校信息素养大赛做好前期准备。最终根据比赛成绩10人获奖，其中一等奖2名，二等奖3名，三等奖5名。

7."共话图书馆"问卷调查活动

了解读者需求、搭建交流平台，是图书馆改善服务质量、提升服务水平的有效途径。疫情期间，图书馆开展"共话图书馆"问卷调查活动。以线上发布问卷小程序的方式，取代历年的读者座谈会，搭建读者与图书馆之间的交流平台。来自9个学院的2190名学生参与了问卷调查，为10个活动项目中参与人数最多的活动。问卷内容涵盖读者基本信息、阅读习惯、资源建设、服务管理4个方面，共计21个问题。通过调查，在喜欢的阅读方式中，喜欢纸本阅读的同学占81.14%，在对图书馆馆藏资源和服务满意程度调查中，馆藏资源方面，92%以上的同学认为馆藏资源能够满足需求，1.92%的同学认为不能满足其需求；服务管理方面，83.56%的同学对图书解决读者问题的满意程度表示满意，15.53%的同学表示一般（解决途径还需多样化），0.91%的同学认为图书馆在及时处理问题方面比较不满意。图书馆将对所收集的问卷结果进行认真分析，通过分析同学们的阅读习惯，不断优化馆藏文献资源，进一步提升服务水平、技能，更好地服务好广大读者。

8."阅读之星"优秀读者评选活动

为在全校学生读者中营造良好的读书氛围，培养学生"爱读书、多读书、读好书"的良好习惯，激励更多的学生走进图书馆、使用图书馆，图书馆每年均举办"阅读之星"优秀读者评选活动。

此次活动依据读者 2019—2020 年度图书借阅量、电子资源使用时长、进馆次数等数据综合评出 20 名"阅读之星"，共评出 20 名优秀读者，其中年借书量最高为 32 册，年入馆次数最高为 547 次。

9. "服务标兵" 图书馆优秀勤工助学学生评选活动

为更好地发挥勤工助学在学生发展和成才中的重要作用，进一步激发广大勤工助学学生参与勤工助学岗工作的积极性，图书馆每年均举办"服务标兵"图书馆优秀勤工助学学生评选活动，旨在树立标兵，培养学生自立自强能力。

此次活动通过对图书馆勤工助学岗学生的履职情况、工作量、服务态度等方面的综合评定，评选出 10 名"服务标兵"。

10. 总结表彰和闭幕

2020 年世界读书日系列活动采用"云"方式线上闭幕。闭幕式上图书馆通过微信公众号、主页对活动进行云总结、云表彰，对读者的优秀作品进行云展播。公布"书声琅琅"经典朗读获奖读者名单、"抗疫思学"信息检索比赛获奖名单、"阅读之星"优秀读者名单、"服务标兵"图书馆优秀勤工助学学生名单、展示"书声琅琅"经典朗读活动、战"疫"有感云分享活动优秀作品。

（二）亮点及做法

1. 首次"云"端全程开展活动

2020 年世界读书日系列活动举办之际正值新冠肺炎疫情期间，图书馆积极响应教育部"停课不停教、停课不停学"的号召，在馆长的领导下，活动策划小组人员精心策划和组织，最终以"云"活动线上开展方式使活动得以呈现给广大读者。该方式不仅没有使今年读书日系列活动的举办因疫情而阻断或延期，还使活动在学生未返校的情况下如期举办，使远在家乡、居家学习的学子们能够第一时间参与活动，全校师生一起与书为伴，共抗疫情。

2. 充分利用馆藏资源优势，提升资源使用率

今年的活动依托图书馆微信公众号和主页，采取线上方式进行，在充分利用了馆藏资源优势的基础上，活动内容不但丰富、新颖，还提高了馆藏资源的使用率。"专家在线"讲座中，张文宏的视频讲座选自电子资源"网上报告厅"；"共沐书香"好书分享活动，从 5 年"每周推荐好书"书目中精选出 181 种馆藏纸质优秀图书推荐给读者。"书声琅琅"经典朗读活动，依托电子资源"博看"平台开展，成为深受学生喜欢的活动；"抗疫思学"信息检索比赛的举办，依托电子资源"方正阿帕比"平台开展，活动通过线上答题的方式帮助同学们掌握信息检索方法和技巧，提升了同学们发现信息、挖掘知识、拓展能力，利用资源的能力。

3. 参与人数创新高

今年世界读书日系列活动有 5691 人在云端报名参与，与往年线下活动相比参与人数为历年最高，其中"共话图书馆"问卷调查活动达 2190 人。

4. 读者参与共建图书馆

"共话图书馆"问卷调查活动改变了原读者座谈，共建图书馆的方式，将原线下面对面读者座谈方式变为线上问卷调查，方式更灵活、面广、参与人数多，数据收集快，搭建了线上读者交流平台，能更及时有效地了解读者需求，是图书馆改善服务质量、提升服务水平的有效途径。

5. 与"第二课堂"紧密联系

此次读书日 10 项活动均通过图书馆微信公众号、主页对外进行发布，其中 8 项还通过学校第二课堂"到梦空间"进行宣传推广，宣传推广活动数较往年多，通过设置学时和提高学时奖励，不同程度地吸引了同学们的参与。

（三）存在问题及努力方向

1. 面对新情况、新业务、新技术，图书馆人员学习掌握新技术、新业务的能力还有待进一步提升，还有待加强学习。

2. 通过分析问卷调查数据，同学们对电子资源的了解、使用以及信息检索技能掌握的能力等方面仍有不足。今后，图书馆将以深入开展"数字资源试点"栏目、上好"信息检索"课、组织好全国高职高专信息检索大赛为基础，进一步加强对广大读者信息素养能力提升的服务工作。

3. 此次活动与学校第二课堂"到梦空间"联系紧密，但活动过程中存在对其相关流程和规定不够清晰、了解不全的情况，对活动最终实施效果有一定影响。下一步将积极与校团委联系，熟悉第二课堂的整体操作流程和相关规定，更好地利用该平台开展活动。

4. 活动中由于项目多，人员新老交替，在组织统筹、人员分工方面，仍有任务不够明晰、人员不熟悉、工作效率低下的情况，策划小组将认真对活动进行总结和反思，并做好第二年的活动准备，争取 2021 年交出一份满意的答卷。

参考文献

[1]阮莉萍、朱春艳:《阅读推广理论与实践》,武汉大学出版社 2018 年版。

[2]谈海蓉:《图书馆阅读推广案例研究与启示》,国家行政管理出版社 2020 年版。

[3]邓己红:《高职院校图书馆阅读推广实践研究》,中国商务出版社 2019 年版。

[4]陈进、李笑野、郭晶:《高校图书馆阅读推广案例精编》,海洋出版社 2017 年版。

[5]张东靖:《新时代高校图书馆阅读推广理论与方法研究》,安徽文艺出版社 2019 年版。

[6]谢蓉:《数字时代图书馆阅读推广模式研究》,《图书馆论坛》2012 年第 32 期。

[7]郭文玲:《高校图书馆阅读推广策略分析与研究》,《图书馆论坛》2012 年第 6 期。

[8]苏海燕:《大学图书馆阅读推广模式研究》,《山东图书馆学刊》2012 年第 2 期。

[9]侯小红:《浅谈图书馆的阅读推广服务工作》,《内蒙古科技与经济》2012 年第 3 期。

[10]万乔:《高校图书馆阅读推广形式和对策研究》,《科技情报开发与经济》2012 年第 22 期。

[11]谢蓉、刘炜、赵珊珊:《试论图书馆阅读推广理论的构建》,《中国图书馆学

报》2015 年第 5 期。

[12]于姝、杨辉、姜婷婷等:《图书馆微信公众平台阅读推广现状与发展对策》,《四川图书馆学报》2015 年第 3 期。

[13]李怡梅、肖雨滋、钟春华:《我国公共图书馆数字阅读推广现状及思考》,《图书馆》2015 年第 6 期。

[14]赖雪梅:《关于图书馆阅读推广的创新研究》,《图书馆》2015 年第 6 期。

[15]姚伟:《基于社会媒体的图书馆阅读推广活动创新与发展》,《图书馆学刊》2015 年第 3 期。

[16]王妍:《探究我国高校图书馆阅读推广所存在的问题与对策》,《科技视界》2015 年第 16 期。

[17]芮立:《新媒体时代的图书馆阅读推广策略》,《农业图书情报学刊》2015 年第 27 期。

[18]张蔚然:《"互联网+"时代下公共图书馆阅读推广服务探讨》,《图书馆研究与工作》2018 年第 1 期。

[19]史艳丽:《高校图书馆社交媒体阅读推广实证研究》,《图书馆论坛》2018 年第 38 期。

[20]洪建华:《网络数字阅读与数字文化资源推广利用》,《考试周刊》2018 年第 5 期。

[21]刘丹丹:《全民阅读背景下图书馆阅读推广机制构建研究》,《黑龙江科学》2019 年第 10 期。

[22]程强:《全媒体时代公共图书馆的阅读推广服务》,《科技传播》2019 年第 11 期。

[23]郭斐、贺帅、张雪梅:《新时代高职院校图书馆阅读推广模式》,《南方农机》2019 年第 50 期。

[24]成佳、王浩:《关于高校图书馆阅读推广服务构建的思考》,《科教文汇》2019 年第 36 期。

[25]赵亦可:《新媒体时代高校图书馆阅读推广服务的创新对策》,《卷宗》2019

年第 9 期。

[26]余丽:《基于图书馆微信公众号阅读推广应用的思考》,《文存阅刊》2019
年第 24 期。

[27]韩晋雅:《信息碎片化时代下高校图书馆阅读推广模式研究》,山西大学
2018 年学位论文。

[28]郭维嘉:《我国高校图书馆个性化阅读推广模式探究》,郑州大学 2019 年
学位论文。